全国小学生校园美文精品

七色阳光
小少年

古老岁月中的浅吟轻唱

《语文报》编写组 编

时代文艺出版社

图书在版编目（CIP）数据

古老岁月中的浅吟轻唱/《语文报》编写组编．—长春：时代文艺出版社，2018.8（2023.6重印）

（"七色阳光小少年"全国小学生校园美文精品集萃丛书）

ISBN 978-7-5387-5897-9

Ⅰ.①古… Ⅱ.①语… Ⅲ.①作文－小学－选集 Ⅳ.①H194.4

中国版本图书馆CIP数据核字（2018）第127871号

出 品 人　陈　琛

产品总监　郭力家

责任编辑　刘珝婷

装帧设计　孙　利

排版制作　隋淑凤

古老岁月中的浅吟轻唱

《语文报》编写组 编

出版发行/时代文艺出版社

地址/长春市福祉大路5788号 龙腾国际大厦A座15层 邮编/130118

总编办/0431-81629751 发行部/0431-81629758

官方微博/weibo.com/tlapress

印刷/北京一鑫印务有限责任公司

开本/700mm×980mm 1/16 字数/153千字 印张/11

版次/2018年8月第1版 印次/2023年6月第5次印刷 定价/34.80元

图书如有印装错误　请寄回印厂调换

编 委 会

主　　　编：刘应伦

编　　　委：刘应伦　赵　静　李音霞

　　　　　　郭　斐　刘瑞霞　王素红

　　　　　　金星闪　周　起　华晓隽

　　　　　　何发祥　朱晓东　陈　颖

　　　　　　段岩霞　刘学强

本册主编：于伟伟　高　亮

目 录

夜晚是给人哭泣的

品月趣事

那片记忆中的阳光

草地上的芭蕾

　　只见这只小蝴蝶的两只翅膀不停地在阳光下一开一收，金黄又有点儿淡红的翅膀上有几个黑色的小圆点，像宇宙中的几颗小星星在不停地闪耀着，而露出来的是四条黑色的腿，翅膀一开一合，几条腿也伴着翅膀从这棵草上飞到那棵草上，像是在跳一支空中芭蕾舞。

回　味

惠大鹏

有那么一些人、一些事，总是埋藏在心底深处，不易察觉，只有在回味往事时，才惊觉那人、那事，仍在记忆深处。

与姥爷一起生活的时光，沉淀在岁月深处，总是让我回味，怀念。

姥爷身上总散发着咸咸的汗水味儿，还掺杂着丝丝缕缕的淡甜的酒香。姥爷喜欢吃饭前温一杯酒，先是轻轻沾下唇，品一品，适应一下，随后便轻轻一抿，吞入腹中，待那股绵柔劲儿舒展开来之后，慢慢地，便颇有点儿放肆了，开始大口喝，让那种豪放、舒爽的感觉在身体中炸裂开来。就这样，姥爷的话匣子也打开了，开始絮絮叨叨。

下午的时候，姥爷总要睡一会儿，可我却赖在姥爷的床上，精力像火山一样旺盛。我跳来跳去，来回翻滚，以无穷无尽的扑闹玩耍宣泄过盛的精力。姥爷对我脾气好得很，看着我闹，只是眯着眼睛，淡淡一笑。那种安详和蔼，总是能轻易地征服我。我觉得，世上最宽大的包容之心莫过于此了。姥爷轻轻地脱了鞋，叫我躺下，我竟然乖顺听话地躺下了。姥爷缓缓地躺在我身旁，给我盖上薄被或衣服，搂着我，轻拍着我的肩，嘴里念叨着："宝宝快睡觉，快些睡……"那一刻，我似新生的小猫，紧紧依偎着姥爷。我静静地望着古老的木质房

屋，漆黑的房梁，恍若行进在深林幽谷之中……随着耳畔鼾声渐起，看着碗里的茶冒起的缕缕热气，我的眼睛闭上，睁开，闭上……

醒来，即是黄昏。夕阳透过窗户洒下一地碎金。从窗中望出去，可见天边的彩霞，就如巨大的斑斓的风筝，挂在窗子外……一阵阵鼾声萦绕在耳畔，姥爷仍轻搂着我的肩，睡着。

那种静美，总是让我无限留恋，我多想穿越时空重新回到姥爷的臂弯……

时光旅行终要返程。回到现实，回到书桌旁，心中多了甩不掉的情思。

姥爷仍每天喝酒，絮叨家常，可那个烂漫的孩子去哪儿了？那份悠长连绵的情思去哪儿了？

兴许是被时光偷走了吧。

倾听大自然

李 谦

廊内的风轻轻拂过，窗外的彩霞流光溢彩，你亮丽的风景将我深深吸引。我欣然走进你的世界，霎时，我的心情变得轻松起来。

你不喜欢单调，于是，你演化出了四季。四种不同的季节，四种不同的意义。在你美妙绝伦的构思中，你用淡绿代表生机，用火红阐释热情，用金黄诠释收获，用雪白衬托严冬。

你不喜欢寂寞，于是，有了莺歌燕舞，有了雁排长空、鱼翔池底。这大自然中的一切都是你的好伴侣，而潺潺流动的溪水，波涛汹涌的大海，呼呼狂啸的寒风，便是你的知己。

你说你喜欢万物的真性情，于是小草用"春风吹又生"的坚韧展示自己的顽强不屈，百花用斑斓的色彩增添世界的美丽，溪水用自己的活泼诠释快乐的含义。是啊，你喜欢他们的性情，但是他们更喜欢你，因为，是你让他们拥有了与众不同的自己！

你喜欢创造奇迹，所以世间有了珠穆朗玛峰，有了九寨沟，有了一个又一个美丽的奇迹。我愿意待"日暮秋风起"时，去体验"大漠孤烟直，长河落日圆"的寂寥与愁苦；待云雾缭绕时，去体验高山流水的惬意。

你喜欢静谧。在无人的海边，寂静的沙滩绵延不断，海浪拍打着沙滩，你时而化作一阵清风，轻轻拂过海的脸颊，时而化作文静平和的微波，轻轻抚摸柔软的沙滩……

我喜欢和你在一起，喜欢你的活泼，喜欢你的静谧，喜欢你的美丽，喜欢你与生俱来的气质。

姗姗来迟的包裹

张途辉

那个中秋节，家家户户都充满着温馨，唯独我家显得格外冷清，大家都围坐在客厅一语不发，奶奶更是十分愤怒地絮絮叨叨。是呀，中秋了，在外打工的亲人们都陆续回来了，只有在广东打工的大姑迟

迟未归。自己的女儿没有回来，奶奶生气也是可以理解的。

我拨通了大姑的电话，问她为什么没有回来，大姑迟疑了一下对我说："我也十分想回家呀，但是现在事情太多了，我暂时回不去啊！"接着又神秘地对我说："我会寄一些荔枝给你们，就当是礼物了。但是千万不要告诉你奶奶，她那么节省，一定会反对的，等你们收到包裹后，就说是你们买的。"我应了一声，便挂断了电话。

可是这个包裹却迟迟没有到，直到中秋节过了也未见包裹的踪迹。我便与妈妈一起去查寻这个包裹的下落，可快递公司的人却告诉我们包裹出了点儿问题，要一星期之后才能送到。听到这个消息，我和妈妈失望地回家了。

我天天在盼望着包裹的到来，天天在梦中品味着荔枝的香甜。一星期过去了，包裹终于到了。我和妈妈满怀欣喜地打开箱子，以为一打开就是一个个饱满香甜的荔枝呢，可是情况恰恰相反，一打开箱子，一股酒味扑鼻而来，那些荔枝，烂了很多，红色的外皮都变得黑乎乎的了。

奶奶此时正好从厨房走出来，一见那个箱子便走过来看，看了一眼便问："这些荔枝是哪来的？"因为紧张，我有些结巴地说："我们买……买来的。"奶奶严肃地对我说："这个时候哪的荔枝，还骗我，说实话吧！"我只好把情况一五一十地告诉了奶奶。果然不出所料，奶奶絮叨起来："这孩子怎么这么不知道珍惜钱啊！花这么多钱买一堆垃圾……"奶奶的唠叨像是决堤的洪水一样汹涌而来。

正当我想远离这唠叨时，忽然发现奶奶脸上闪现出那么一丝骄傲的神情，眼中闪着异样的光彩！我忽然明白了，奶奶虽然嘴上唠叨，心里还是很高兴的，毕竟，这是一份浓浓的孝心啊。孝心可以是一座新屋，也可以是一块砖瓦；可以是一顶黑色的博士帽，也可以是一个鲜红的满分；可以是一封遥寄千里的家书，也可以是一句近在咫尺的口信；孝心，更可以是这一箱迟到的荔枝！

回不去的小院

付雨乐

小院于我是个特殊的存在。

外婆总是提醒我放学回来时要把院门关上，说是为了防贼，而且院门被风吹动的声响也吵得她头疼。年少的我却很少记得她的嘱咐，于是那个小院的门时常是敞开着的。

小时候，离开它去上学的那几个时辰，是最难熬的。坐在课堂上，我会想念墙根那几米长的小花坛，因为在那里我是"创世主"，我的想象空间无限大。在那里，我随意一锹，挖平一个小土包，挖出一个小坑来，过段时间再踱回来，就发现那小坑里积着一窝子墨绿的水，我可以想象这一片世界发生了怎样天翻地覆的变化——每个春天都落到那个小土包上的雨从此再也找不着小土包了，每年冬天，总会有些雪花因为我挖出的小坑而迟落地一会儿。

那一隅小花坛啊，是我儿时的试验田。

夏夜，晚饭之后，既不燥热，蚊虫也还没出来扰人，我爱骑着爸爸的旧自行车在院子外边一圈又一圈地绕。车子带起了一阵阵疾风，暮色缓缓踱进小院，于是外婆嚷嚷："再不回来，小心壁虎尾巴掉进你的耳朵里！"于是我无比听话地把车飞快地骑回车棚，一边往家跑一边回头望——我当然并不怕什么壁虎，可是总感觉墙上过会儿就会

睁开一只眼睛，冷冷地盯着我，随时酝酿着阴谋。冷不防被窨井盖上的铁把手绊了一跤，一头跌进了小院的怀抱。

现在，我站在小院的院墙前，看清那院墙上的裂痕，那既是它的眼睛，也是它沧桑的皱纹吧。

我悄悄地从坐在墙根的老人面前走过，他随时打着瞌睡，那么多年了，他一直在墙根处打着瞌睡。以前我出门上学的时候，总会对这位爷爷满心羡慕：多好，哪儿都不用去，就这样静静地待在小院里。

现在，我默默走过春意盎然的小院，走过铺满年三十鞭炮的红炮衣的小院，走过我春游归来那天缓缓下着细雨的小院，走过挂满花圈挽联、传来隐隐哭泣声的小院……

最终，我站在那座洒满金色阳光的院门前。我推了推本该在风中晃动不已、嘎嘎作响的院门，门竟纹丝不动——我透过门缝儿，看到了那个背着书包、一脸稚气的我脸色凝重地关好院门……原来，那个盛满我童年记忆的小院，再也回不去了。

雨　趣

黄雨心

淅淅沥沥……那是雨的声音，这位窈窕的少女，正掀动着风铃，奏出美妙的小曲儿……

我透过窗台向外遥望，雨珠滴落，似乎有一个个美丽的珠子，任这些顽皮的孩子在它们的肚皮上玩耍，"叮叮咚咚"，豪放、委婉……人行道中，一朵朵小伞花：大的、小的、红的、黄的、蓝的、透明的、带花纹的……挤在一起说着悄悄话，绽放出一个个笑脸。

我和妈妈来到马路上，房屋檐上的雨水像断了线的珠子一串一串地落下，我连忙用手捧起这清凉的液体，不想错过任何一滴。

我们漫步在小雨中，望着无边的雨帘：透明、纯洁、晶莹……

雨渐渐小了，像牛毛，像花针，像细丝……一丝小雨滴落在我的鼻尖上，顿时感觉全身充满了活力，小雨的力量似乎已融入了我的身体，舒服极了。

雨落在水坑中，一圈圈小波纹随着传散开来，由小而大，似轻又重，有时两个甚至更多的小涟漪会紧依、碰撞在一起，这一个、那一串，让人看得眼花缭乱。这一幅幅伴着小雨丝，若隐若现的唯美画卷，真是大自然的杰作！

雨更稀疏了，几乎隔上一会儿才滴上几滴，我看得入了迷，不小心踩到了一个小水坑，把裤角弄湿了，低头一看，我猛然觉得这个水坑有点眼熟，我细细端详起来……啊！是啊，它多么像我们的家——中国啊！妈妈看了，认真地观察起了路边成百上千的水坑，一会儿又惊喜地叫道："呀！我瞧见北京了！"啊，这不起眼的小水坑中竟然有如此多的乐趣！这不，我已经站在"海南岛"上享受日光浴呢！而妈妈在"蒙古大草原"上骑马扬鞭。我们时不时也会"跨国"，我现在坐飞机到了音乐之都维也纳，妈妈则更远，瑟瑟发抖的她正在躲着"北极熊"呢(其实只是跑来了一只小狗)！

雨，停了，天，明了，经过雨滴的"净化"，空气特别清新，吸一口，好像把全身的不适都给驱散出去了。天空湛蓝湛蓝的，湿润的泥土轻轻一踩就能踩出个脚印来。草儿肥，花儿美，门前那一棵小杨树挺起了腰板，身上干干净净的，叶子上还留着几颗小水珠，在绿叶上淘气地滚来滚去。天边出现了一道艳丽的彩虹，整个大地焕发出了特有的活力。雨，还会再来的……

家庭控告会

孙雯君

家，本是一个非常温暖的字眼儿。可你知道吗？在我们家，它有时也会变成"血腥战场"哦！

双休日，我们家召开了一场"家庭控告会"，奶奶是法官，爸爸、妈妈、爷爷是原告，我则成了"众矢之的"的被告。在这场控告会中有几个镜头十分惊险，差点儿把让我推进"万丈深渊"，最后的结局也是惨不忍睹啊！

风波突起——"轻波痒痒"

奶奶："现在我宣布，家庭控告会正式开始！"

爸爸："我要告君君，她经常不洗手就吃饭，脏死了！"

"这是哪儿跟哪儿呀，我才没有呢！"我心虚地辩驳道。

奶奶："鉴于原告拿不出确凿的证据，现判被告无罪释放，原告退场。""还是法官公道，"我斜眼瞧着爸爸说，"爸爸真坏。"

风波又起——"虎"落平阳

奶奶："家庭控告会再次开庭！今天的'被告'还是君君。"

我："什么嘛，为什么又告我？真是'大欺小，被狗咬'！"

爸爸、妈妈、爷爷："这有什么关系？你有错我们就要告你，你能怎么办呢？"说完一副得意样儿。

我："你们……"我气得说不出话来，只好拼命地翻白眼、蹬脚。

爷爷："君君老爱玩我的私人用品，东翻翻我的小箱子，西玩玩我的衣服，把我的房间折腾得一团糟。看看吧，这都成啥样儿了，乱七八糟！"说完还拿出了照片为证。

我："你……你真是老奸巨猾啊！"

妈妈："还有，她什么东西都乱放，要么钥匙丢了，要么一只袜子找不到了，她的房间简直就是一个狗窝……"

我："有这么夸张吗，就是脏了那么一点儿而已……"

我："别说了，别说了，我举白旗投降，投降！"

法官："判被告面壁思过三十分钟，负责一星期家庭值日！"

控告会以我的大败告一段落，我的惨相自然不用多说。唉，温暖的家庭可也有"血腥"啊！

吃饭众生相

张杰

"冲啊！"大家扔下手中的纸和笔，直奔食堂。哟，食堂已经人满为患了，我一进门就傻了眼。趁人多，我赶紧给你们拍个"吃饭众生相"留作纪念吧！嘿嘿。

大家像一万年没吃饭了似的，比地震来得都要猛。我想最后一个走到自己的位置也没办法，被后面的同胞们推着拥着，稀里糊涂地就

到了自己的餐桌前。还没站稳，只见同伴们个个如饿狼般扑向饭碗。"分菜啦——"随着桌长的一声喊，个个都进入戒备状态，生怕桌长忘了自己而分不到美味。

瞧瞧这位，饭碗里堆得像小山似的，但他却骨瘦如柴。不知是不是食物的营养没有运送到目的地。啊哟，他狼吞虎咽，嘴巴塞得鼓鼓的，一张一合，像是在嚼自己的仇人一样，是那样的卖力。难怪大家给他取了个绰号——"饭桶"，可怜米饭了。

再看看班长解成璐，跟刚才那位一比，天上地下啊！她总是爱吃白米饭，不喜欢吃菜，望着她细嚼慢咽、斯斯文文的样子，真赏心悦目！她喝汤的时候，更是小心翼翼，好像生怕汤会突然滑进喉咙。只见她慢条斯理地用小勺子舀起来，轻轻吹一吹，再一小口一小口地喝下去，喝完之后，便拿面纸揩去嘴角那隐隐的痕迹。

可以用"庞大"来形容的便是李振宇了，单看他的饭碗就心领神会了，他的饭碗是别人的双倍大，挖起一勺就拼命地往嘴里塞，直到嘴里实在装不下了才稍停片刻。这让我想起了饿狼吃小兔的情景，有点儿残忍，呵呵。不用几分钟，碗里便被他扫荡光了。

有人吃不下，看老师在，便偷偷把饭倒入剩菜盆里；有人偷懒，站在远处往水池里扔勺子，结果勺子掉在地上，反而绊了自己……

看，食堂果真是众相百出，大家一人一个样。有趣的食堂！

那一刻，令人难忘

金 然

在这个世界上，昆虫也许是最微不足道了。但是，它们有种情感，是一般人无法超越和比拟的……

那是一个微凉的清晨，我独自走在小路上，发现一只绿色的螳螂静静地趴在灌木的树枝上。

它的身材修长，碧绿透明的翅膀轻盈地盖在身上，翠绿的身体散发着柔和的光泽。

它一看见我，就惊慌失措地摆动着脚，笨拙地挪动着步子。我觉得有些奇怪，螳螂的速度应该没有那么笨拙缓慢啊。于是，我伸出手来，想抓住它，把它带回家研究一下。

但就在那一刹那间，螳螂凶狠地挥起了它那把锋利的大刀。那对琥珀色的眼珠望着我，目光冷冷的，像是被冰雪浸过。我拿起一根小木棍，想把它打昏再带回家去。我高高举起木棍，朝它的头打去，"啪"的一声，它虽然及时躲开了，但脑门儿上却不轻不重地挨了一下。它没站稳，就像落石一样，轰隆隆滚下来。我看见它从最高的树枝一级一级地砸下来，砸得天昏地暗，跌得晕头转向。

当我看见它跌进草丛时，很懊恼。它目睹了我手拿木棍，知道死神正在树枝上等它，当然要逃走的。但这根树枝似乎是磁场，紧紧吸

引着它，它又艰难地摆动着前肢，想要爬上来，虽然折了翅膀，断了前臂，但那个肚子依然完好如初，原来，这是只即将产卵的母螳螂！

我又举起了棍子，想看看它的反应。它倔强地立着，用一种悲哀、疲惫的复杂眼神瞪着我。它的身体已经伤痕累累了，摇摇晃晃地挣扎着掉了下去。我把它放在那根树枝上，看着它。

不一会儿，它的身体僵硬了，我想把它拿开。突然，螳螂用四爪勾住了树枝，我想把它拉开，却发现它那双眼睛炯炯有神。就在这时，令我难忘的事发生了，我眼前泛起一片绿光，螳螂已经从我手中跃出去，快如闪电，它的四肢还勾着那树枝，身子靠在树叶上，从它的尾部喷射出一片金黄的卵，像一条金色的虹，一端连接着新生，一端连接着死亡。

我的手颤抖了……

我找了一个树洞，把它掩埋了，它不再是一只螳螂，而是一位伟大的母亲。

013

最美爷爷

刘　杨

爷爷是名乡村医生，两年前已退休，虽说他不再去医院上班，却是退而不休。附近村里的爷爷奶奶大娘大婶，有个什么头痛脑热，总喜欢登门求医，或是请爷爷出诊，他乐此不疲。我也不知他图个啥，每次给乡亲们治病，只收一点儿药费；如果是自己挖的草药，连钱也

草地上的芭蕾

不收。乡亲们过意不去，常常提些自家的鸡蛋、花生等表示谢意，爷爷总是婉言谢绝："这些我家都有呢，再说还有退休工资，怎么能要你们的东西呢？"每每听到爷爷的话，我都会感到特别骄傲。

今年暑假的一天中午，我们祖孙俩睡得正香，"咚咚咚"，一阵急促的敲门声把我们惊醒了。爷爷打开了门，村前的李奶奶一把鼻涕一把眼泪地说："您快去看看吧，老头子要是有个三长两短，我怎么活啊！""慢慢说，不要急！"李奶奶说："刘医生，俺那老头子给田里的秧苗放水，被蛇咬了，那脚……那脚肿得老粗。"

爷爷连忙返回里屋，收拾了一下，背起药箱，疾步走出家门，我也跟着小跑去了李奶奶家。李爷爷躺在竹床上，脸色苍白，痛苦地呻吟着。爷爷蹲下身子，检查了伤口，又详细地询问几句，对李爷爷说："这是本地的一种蛇咬的，毒性不大，没什么大事。我打一针排毒，再敷些草药……"爷爷边说边忙活起来，豆大的汗珠从额头上滚落下来，也顾不得擦一擦。他忙完这些，已是下午四点多了。

在回家的路上，我不解地问："爷爷，你的药箱子里怎么会有治蛇咬的药啊？""这是我的老习惯了……"爷爷笑呵呵地说，"咱们农村人家，夏天农忙，经常有乡亲被蛇咬伤，或是中暑之类的病痛，备好这些药以防万一啊。"

我问爷爷："你这么多年，救了多少人呀？""这个嘛，我还真没算过，每年都有好几例吧。"爷爷说。"哇，你真了不起，你是最美爷爷！"我笑着说，"我要做你的粉丝。""什么最美，什么粉丝，晚上叫你奶奶做给你吃。"

嗨，这个都不懂，我吐了吐舌头，快活地跟着爷爷回家了。

乐在运笔挥毫

程　功

　　我从小就喜欢书法，从四岁起，就和这门古老的艺术结了缘。在学习过程中，我越来越感觉到乐趣无穷。

　　我专攻柳体七年，现改临颜体，"颜筋柳骨"是这两种字体最大的特点。柳体字刚劲，笔画虽细，但挺拔有力；颜体字圆润，字体娟秀又不乏力量。当我欣赏《多宝塔碑》《玄秘塔碑》《灵飞经》时，看到那或秀美或挺拔的汉字，不由得赞叹书法艺术的魅力，觉得乐趣多多。

　　练习写字，更是一种乐趣。在酷热难耐的7月，右手是砚，左手是帖，在运笔挥毫中，一切喧嚣都离你远去，这是多么惬意的事啊！学书法要心静如水、沉静、不冒失、不马虎，这也是习字的好处。记得那个夏天，我临习"天朗气清"这四个字。别看这几个字笔画不多，它们把颜体字的难点都包容进去了。我执起笔，吸足墨汁，一鼓作气地写好了"天"字。一个完美的"天"字跃然纸上，我高兴极了。

　　习字的过程并不是那么顺利，望着纸上那不尽如人意的字，真不想写了。但我抵不住书法艺术对我的吸引，仍旧拿起字帖，认真地揣摩，然后在报纸上认真练习。我握着粗大的狼毫笔在纸上驰骋，不

015

草地上的芭蕾

多时，右臂又酸又痛，汗水一滴滴地滴到报纸上。这时，我想起了米芾、王献之刻苦练字的故事，又有了动力，一直写到满意为止。

我爱书法，它带给我的乐趣。今后，我将继续钻研书法，认真习字，为书法艺术这颗我国艺术长河中的明珠增光添彩。

不和谐的音符

顾珏阳

当你在欣赏一首优美的乐曲，耳畔传来了一些杂音，心情一定一落千丈。在社会生活中，往往就会出现这样的情况。

那天黄昏，我们在街上散步，一阵香味扑鼻而来。哇！原来是川府火锅店开张啦！店里灯火通明，每张餐桌上都冒着热气，客人们个个满脸通红，谈笑风生。看着这热火朝天的景象，爸爸提议也去凑个热闹。我们走进店里，找了个空座坐下，点了骨头煲和贡丸、鱼丸、香肠、鱼片、青菜……

不一会儿，热腾腾的火锅端上了桌，锅里的汤咕嘟咕嘟在翻滚。我将各种小菜倒进锅里，准备品尝这些美味，突然"砰"的一声，循声望去，一个胖子正对着小青年破口大骂，地上是他摔的酒瓶的碎片。那小青年也不是省油的灯，二话不说，抡起拳头对着胖子有力地一击。胖子像一头红了眼的公牛，一把抓住对方的领子，铺头盖面地打了起来，碗、盘子、酒瓶落地的声音此起彼伏。

两人旁边早已围了很多人，有劝架的，观战的，更有起哄的。就

在此时，从人群中挤进一个满脸横肉的壮汉，冲着两人大吼一声，一场酣战才停息下来。我扫视了一下，那人的脖子上的刺青是两条蛇。

在明媚的阳光下，总不免有阴暗的角落。一场风波过去，妈妈生气地说："真是的，本来好好的心情被破坏，再好吃也没什么胃口了。"身边的客人也议论纷纷，我们匆匆地吃完就回家去了。

怎样找到快乐

杨礼芬

"波莉·安娜"，每当想起这个名字，我就会心一笑，仿佛那个乐观开朗、脸上洋溢着欢乐的女孩儿就出现在我的面前。

《波莉·安娜》讲述了一个穷牧师女儿的故事，名字叫波莉·安娜。她是一个时时嘴角边挂着微笑，"在所有的事情中找到快乐"的女孩儿。她曾经希望人们能够把一件漂亮的洋娃娃放在父亲教堂的慈善桶里，可是谁也想不到后来却收到一支拐杖。如果换做一般人，一定大失所望，甚至恶狠狠地抱怨一声："该死的！"可是，波莉·安娜却不是这样，她竟然开心地自我调侃："幸好！我还用不着这个，否则，那就糟糕了！"

后来，波莉·安娜失去了双亲，便和姨妈生活在一起。姨妈是个性格有些扭曲的人，不太喜欢波莉·安娜整天活蹦乱跳，希望她成为一个淑女。波莉·安娜就是快乐的化身，姨妈的唠叨和呵斥，夺不走她天真的笑容，最终在她乐观性格的感染下，那个脾气古怪的姨妈也解开了多年的心结，彻底被这个小不点儿征服了。

读完《波莉·安娜》，我所感受到的全是欢乐，全是不经意向上翘起的嘴角。我想不论谁读这本书都会被她所感染，迫切地希望自己也是那个乐观的女孩儿，也是那个能在伤心事中找到欢乐的安娜。

苏东坡说过："人有悲欢离合，月有阴晴圆缺。"既然"此事古难全"，那么我们就应该像波莉·安娜一样，把烦恼抛在脑后，"在所有的事情中找到快乐"！

草地上的芭蕾

李　阶

这次，老师又开始发布任务了——捉蝴蝶，我听完后也没有放在心里，背上书包准备回家，正在这时，我看到那院里的一棵柳树发芽了，像毛毛虫附在上面一样，我好奇地凑了过去。有一枝柳条开得特别嫩绿，我看了看，噢，春天来了。在一片草地上，尽管枯黄的草还没有完全褪去，刚长出的嫩芽上，却已开出了一朵红色的花，红中透着黄，两片花瓣正在风中自由地摆动着。奇怪，春天怎么有花？冬天刚过去，暖和一点儿，但这个花开得如此美丽，难得！我又回头一看，花没了，在另一棵草上，又开出了一朵花。我提神再看，呀！是一只蝴蝶呀！我一下子想起了老师的任务，于是伸出三个指头向蝴蝶伸去。

只见这只小蝴蝶的两只翅膀不停地在阳光下一开一收，金黄又有

点儿淡红的翅膀上有几个黑色的小圆点，像宇宙中的几颗小星星在不停地闪耀着，而露出来的是四条黑色的腿，翅膀一开一合，几条腿也伴着翅膀从这棵草上飞到那棵草上，像是在跳一支空中芭蕾舞。最小的是它的小脑袋，像米粒一样。两只大眼看着外面的世界，黑色的躯体在草叶间摆来摆去，在草地上自在闲游。

我不禁陶醉了，这个小昆虫的舞姿是如此优美，看不出是大自然造就出来的。我目不转睛地盯着它看，把手架在了椅子上，手上的网也一下子掉落在我的面前。我从蝴蝶的美中走了出来，想起了自己的任务，但是又不忍心抓它。而在这时，老师叮嘱的话仿佛又在我耳边响起，我悄悄地走过去，踮着脚走在草地上，生怕打扰了它。小小的蝴蝶还没有动静，我离蝴蝶越来越近，来到了它的旁边，一挥手网就到了，蝴蝶发觉了什么，赶快飞了出去，却正好撞上网，跌了下来，蝴蝶被我捕到了。

我捉着蝴蝶的翅膀心想，这下可好了。我心里正沾沾自喜，而蝴蝶拼命地挣扎，想从我手中逃出去。到了家，我把蝴蝶放在一个瓶子里，可是这个蝴蝶像拥有魔法，一下子逃了出来，在屋子里乱飞。我找了个笼子，正好有个洞，我拿出锤子修起来，正好有一个铁丝冒出来，我的手被扎了一下，好在没有出血。乱飞的蝴蝶像是看见了我被扎了一下，静静地趴在了地上。我小心地把蝴蝶拿起来，放在了笼子里。蝴蝶的精神有些不佳，我想它会不会饿了，就把一盆花放进了笼子里，刚打开蝴蝶就飞了出来，我费了九牛二虎之力又绕着屋子跑了好多圈才把它捉着了。我又把它放入了笼子里，蝴蝶一下子精神起来，飞进了花盆中，飞上叶子，吸了吸花蜜，仿佛永远也吸不完，我看一切都很好就出去了，蝴蝶还在吃着。

我上课回来了，看见蝴蝶不停地向着有阳光的方向撞去，我看它一定是喜欢阳光，就把窗子打开，一阵泥土的芳香飘来，外面的景色多美丽啊，蝴蝶一定非常想回到大自然的怀抱吧，想到这，我把笼子打开，蝴蝶翩翩地飞出了窗子，飞向了自由的天空。

再见了，美丽的蝴蝶；再见了，草地上的芭蕾。

园 丁 妈 妈

沃芊晗

我的妈妈是一位教师，在学校里，她是一位辛勤的"园丁"。可不嘛！在生活中她还真是名副其实的园丁呢！

走进我家，展现在眼前的是一片春意盎然的景象。瞧，在客厅的沙发边，与我没差多高的大叶绿萝伸展着宽大的手掌，热情地欢迎着你的到来；空调机上的吊兰，垂着长长的藤蔓，向你展现着她的婀娜多姿；落地窗前的一盆水培白掌，亭亭玉立，那一片片水滴状的叶子绿得油光发亮，叶片中，一朵白色花瓣抬着高贵的头，挺立其中，在灯光下显得雍容华贵；墙角，一盆水培粉掌静静地站着，透过透明的玻璃瓶，可以看到它那深绿的、浅绿的、白色的、粉红的根交错在一起，是那样的虎虎有生机，翠色欲流的叶子上，滚动着一颗颗晶莹的水滴，有如一颗颗饱满的珍珠；家里还有茁壮成长的万年青、水培的草莓、红掌、滴水观音、富贵竹、月季花、文竹、君子兰等，阳台外还有一盆姹紫嫣红的矮牵牛……而这一切，都是妈妈辛苦的杰作。

每天早晨，妈妈起床的第一件事就是去看看她的那些花，哪一盆又多了几个花苞，哪一盆又抽出了几颗嫩芽，哪一瓶又新长了几个条根须，都逃不过妈妈的眼睛。

一有空，妈妈就会去精心呵护她的花花草草。哪瓶花的根头有点儿腐烂了，她就会小心翼翼地把坏根头洗去；哪盆花的叶尖黄了，她就会拿着剪刀，细心地修剪一番；哪瓶花的枝叶长得不好，向外倾斜时，她就会用一根细丝把纤细的枝干绑起来，给它重新塑个型。

去年冬天，随着气温的下降，一盆娇嫩的水培粉掌的叶尖开始泛黄，慢慢地垂下脑袋。没想到，这一小小的细节也没能逃过妈妈的眼睛，她发现后，心疼地把花放在一个温暖的地方，使它不再寒冷。不料，没过几天，另一盆白掌的叶子也相继泛黄，奄奄一息。妈妈这下可犯愁了，就连在吃饭时也苦思冥想。

后来，一个偶然的发现让妈妈突发奇想：可不可以把花像保温大棚一样，罩上塑料袋，不受寒冷呢？妈妈顿时容光焕发。

妈妈从洗衣店里拿回了许多大大的塑料袋，回家后立即动手与我一起干了起来。

由于塑料袋都不是两头封闭的，巧手的妈妈就把它的一头先用橡皮筋扎起来，然后像宝贝似的捧着花，让我小心翼翼地从底下往上套，还时不时地跟我说："哎，那片叶子小心一点儿，不要把它折了……"一盆盆水培花草被妈妈穿上了一件件温暖的"衣服"。望着自己的杰作，妈妈欣慰地笑了……

就这样，在园丁妈妈的精心照料下，一盆盆娇弱的花草安然地度过了冬天。

在我家，每一盆花，都像一幅五彩缤纷的画；每一盆花，都像一支动听悦耳的歌；每一盆花，都像一首隽永的小诗。而这些，都是我的园丁妈妈细心打造的。

"偷"山楂

孙燕飞

　　"啦啦啦啦啦，啦啦啦啦啦……"我不亦乐乎地"啦啦"着。终于回姥姥家啦！姥姥家虽算不上国家AAAA级景区，但也算山清水秀的一个好地方。所以，我最喜欢回姥姥家啦！不过，还有一个原因，姥姥家在农村，农村肯定有山，山上肯定有树，树上肯定有果子。嘿嘿！我这个"果迷"的格言是：宁肯一日无茶饭，不可一日无果子。这样的好机会，当然高兴呀！

　　吃完饭后，我心里被山里的果子馋得痒痒的，便恳求姐姐带我去爬山。可姐姐老大不情愿，我"三顾家门"才请出她，可能也是受不了我的唠唠叨叨吧。我们一队人马兴高采烈，浩浩荡荡"杀"到山上去。

　　果然不出我所料，山上酸枣满天，山楂红遍，真是馋得我垂涎欲滴啊。我身边的那棵酸枣树惨遭"魔爪"，被我三下五除二地给拔了个"光秃秃"。哈！不远处又发现目标，冲啊！

　　那是一片山楂树。山楂一堆一堆聚在树上，像深山里的一片红霞，格外好看。我想摘，可是人家也许不让，怎么办？情急之下，只好偷了。我蹑手蹑脚溜到树边，小心翼翼地摘下一嘟噜，见没人发现，便大胆起来。一下，两下，摘了满满一兜子，我迅速"逃"离了

"作案现场"。

看着一大堆"成果"，我心里还喜滋滋的，拿起了一个，大咬一口：哎哟，酸！！！

对了，同学们千万别偷东西呀！我这个，不算不算啦！

夏日的风

李文珏

一年中最可爱的风，莫过于夏日的风了。

难道不是吗？当人们酷暑难耐之时，首先就想到了她。瞧，她来了。

清晨，当第一缕夏日的风吹进花草丛中，花草顿时随风舞动，空气里充满了浓郁的花香。花香混合着泥土的芳香，弥漫在清晨这个纯净的世界，沁人心脾。

中午，骄阳似火。小草黄了，柳树无精打采地垂着枝条。在田野里劳动的农民伯伯更是汗流浃背，沉重地喘着粗气。此时此刻，他们多么需要风呀！这时，风来了，拂过万物轻轻地来了，好似一股清凉的甘泉沁入人们的心田。人们站在夏日的风中，任风吹起他们的头发。不一会儿，他们就情不自禁地喊："好凉快啊！"

傍晚，鸟鸣虫啼，风吹树叶哗哗作响。几位白发苍苍的老人，在绿荫下悠闲地下着棋，风轻轻地吹起棋纸，也轻轻地吹进了他们的心扉。忽然，一位老人站了起来，孩子般兴奋地喊道："我赢了！"这时，风儿带来的凉爽随着胜利的喜悦一起涌进了老人的心头。

晚上，凉风习习。孩子们躺在草地上，光着肚皮，赤着脚。风吹到肚皮上，凉丝丝的、痒痒的，他们不禁"扑哧"一声，笑出声来。在晚风的轻拂下，孩子们仰望天空，挥动着小手，咿咿呀呀地数星星。

啊！夏日的风，你就像一个天使，给大地带来了芳香，给辛勤的人们带来凉爽，让老人尽情享受晚年的幸福，让孩子们感受童年的快乐。

我爱这夏日的风！

苏州的雕花楼

徐天乐

苏州是个好地方，到处充满诗情画意，不愧是人间天堂！

刚进院子，我就被雕花楼震撼了。这座赫赫有名的雕花楼，是达官显贵居住的好地方。雕花楼原名"春在楼"，因主楼门窗等有精细雕刻，俗称"雕花大楼"。我们来到大厅，所有梁、柱、窗、栅无所不雕，无处不刻，仅梁头就刻着几十幅《三国演义》组画，窗框刻有《二十四孝》组画。大厅雕有无数只凤凰，又称凤凰厅。整个建筑处处精美绝伦，质地多样，有木雕、砖雕、石雕、金雕；技法各式各样，有浮雕、圆雕、镂空雕；雕刻的内容也十分广泛。听向导说，雕花楼堪称天下之最呢！

欣赏完大厅，踏着木梯来到雕花楼的二楼，这里是客厅、书房和卧室。二楼除了做工精巧的红木雕花家具外，大梁上的彩绘万年青

聚宝盆、窗子上从西洋进口的彩色玻璃也颇有特色。最让我感兴趣的是，卧室衣橱内还有个暗道，据说曾放了一些值钱的东西，当年太湖强盗几次抢劫都未发现这暗道的秘密呢！紧跟着向导的我，还以为要下楼，没想到还要上楼梯，又窄又小的楼梯还真不好走，向导告诉我，这叫明二楼暗三楼。这三楼是躲避骚扰、战乱而建的，从楼下往上看，几乎看不到三楼的任何痕迹。

恋恋不舍地走出雕花楼，我在心里默默惊叹雕花楼的精湛工艺，又心疼那些被毁掉的部分雕花，希望后人能珍惜它、爱护它。雕花楼——美轮美奂，"玄机"四伏，真不愧为江南第一楼！

病号之家

刘思涵

各位同学，欢迎大家来到我的"病号之家"参观，想知道为什么叫"病号之家"吗？那就跟我来看看吧！

"高血压"之妈妈

我的妈妈说起话来——声高、"血腥"、高压！是不折不扣的"高血压妈妈"！

我上学前班时，妈妈就常常瞪着眼睛，用60分贝的嗓门儿，顶顶严肃地对我说："不要一而再、再而三地做错题，长眼睛是用来看题的，要不，要眼睛何用！""知道了！下次保证不错了。"我胆战心惊地回答道。哦，暴力指数三颗星！

上小学，妈妈的口头禅改了，她像打机关枪似的出口成章："做作业要认认真真、仔仔细细，争取得满分！不要口口声声说'下次下次'，每次不要风风火火的，做完卷子一定要检查，遇到难题换一个角度思考。不要把以前给你讲过的题忘得一干二净。考试前复习好，保证万无一失，不要马马虎虎、三心二意，不然，成绩就会一落千丈。这个世界上没有十全十美的人，一定要脚踏实地，不要老想一步登天，如果作文的意思表达清楚了，就不要画蛇添足了……"要不是怕耽误我宝贵的写作业时间，我的"高血压妈妈"不知道还要数落我多久呢！

我的评语：唉！没办法，谁让我的妈妈肝火过旺呢！不过她这样说是对的，因为我长大了想当一个沉着冷静、诚实守信、精忠报国的军人，或者当一个七步成诗的文学家。要想实现我的远大理想，必须要接受妈妈这严苛的"锤炼"！

"发烧友"之我

家人都说我浓眉大眼，血气方刚，还说我高高壮壮，一身是胆。

我对什么事物都很感兴趣：比如超市里搞优惠促销，我会兴冲冲地跑进去，一旦发现了自己喜欢的东西，就以迅雷不及掩耳之势放进购物篮。听同学们说"香香笔"特好玩，我不管三七二十一，红、黄、蓝、绿各买一支，呵呵！闻在鼻中，拿在手中，那个得意！老师说沈石溪的动物小说系列写得特好，我跑到书店，不由分说买来十几本，一个暑假，一口气看完，我厉害吧？

暑假里，我听说张家界风和日丽，山清水秀，让人流连忘返；奇花异草，姹紫嫣红，让人目不暇接；既有珍禽，又有异兽，让人耳目一新。我就毛遂自荐当起了张家界旅游的免费宣传员，向妈妈宣

传张家界风光，讲得眉飞色舞、滔滔不绝，妈妈禁不住我的"枪林弹雨"，最终同意去那里旅游。我赶紧说："君子一言，驷马难追。"还强迫妈妈跟我拉钩呢！哈哈！

妈妈评语：看这个小小"发烧友"，当得是像模像样，妙语连珠，侃侃而谈，总是让人不知不觉受到他的感染！

"心律不齐"之爸爸

爸爸大多数时候都是春风化雨、和蔼可亲的。可是早晨喊我起床时总是一惊一乍，吓得我心惊肉跳、心律不齐！唉！我这个"心律不齐爸爸"呀！让我欢喜让我忧！

听——"起床了！吃饭了！饭凉了！""哼！妈妈明明正在热牛奶，我还听见微波炉的转动声呢！大骗子！绝不上当！"可恶指数四颗星！

再听——"起床了！八点了！迟到了！"我睁开惺忪睡眼，往我的小闹钟一瞄，"切！刚刚七点！有这样吓唬人的吗？"可恶指数五颗星！

奶奶评语：之洋（爸爸小名）从小就是一个懂事的孩子，很稳重，只是叫孙子起床的声音分贝高点儿，这可不算什么缺点！

我这个"心律不齐"的老爸啊，还挺受奶奶待见呢！

"高血压"之妈妈、"发烧友"之我、"心律不齐"之爸爸构成了一个欢乐祥和的家！我爱我家！

奶奶家的"古董"

杨怡凡

我喜欢回奶奶家，因为奶奶家有许多"古董"。

一进奶奶家的门，看到的就是第一个"古董"——灶台。它是由砖石垒起来的，正面的正中间有一个方形的"洞穴"，是添柴烧火用的。灶台上面，有一口超大型的铁锅。若是做满满一大锅饭，足够二十几个人吃的。

做饭时，奶奶先把柴火放进"洞穴"里，然后用打火机引燃。火苗会像一个羞涩的小姑娘，悄悄地探出小脑袋东张西望一会儿，然后慢吞吞地燃着，不急不躁。这时候，就需要奶奶家第二个"古董"出场了——风箱。

风箱，听说过吧！它是一个长方形的盒子，侧面有一个可以来回拉动的木杆，盒子里面有一个橡皮球囊。只要来回均匀拉动木杆，就会有空气进入到灶台里，得到空气的火苗就好像一位舞蹈演员跳着高难度的舞蹈，登上了自己的舞台。几乎是转瞬之间，火苗就"呼呼"地舔着锅底，锅里的水很快就沸腾了。

除了灶台和风箱，在奶奶种满蔬菜的院子里还有一个生活中必不可少的"古董"——压水井。一根和我的小腿一样粗的水管子深深地插在水井里，管子上端有个把手，来回压把手的时候，清凉甘甜的井

水就会顺着出水口流淌出来，喝一口，甜甜的，透心凉。

而我最喜欢的"古董"就是用砖头垒成的炕。做完晚饭往炕上一躺，通身暖暖的，可舒服了！你一定感到很奇怪，炕为什么会热呢？原来呀，炕是和灶台连在一起的。做饭烧火时，热气会涌进炕底下的烟道，炕自然就热啦，躺在上面别提多舒服了。

怎么样，我奶奶家的"古董"够多、够奇特吧？

"金牌"炒蛋

李如风

每天，我都吃爸妈做的菜，可自己从来没有做过菜，这次，我要亲自当一回大厨。

我准备第一次独立完成我的金牌菜——"葱炒鸡蛋"。

我拿了两个鸡蛋，在桌子上轻轻敲了敲。接着，把鸡蛋对准碗，再轻轻磕了一下，可是鸡蛋好像很结实，一点儿动静都没有。于是我拿起鸡蛋在碗边使劲儿磕了一下，用手在裂缝处轻轻一掰，蛋黄就顺着"蛋清滑梯"滑进了碗里。我把切好的葱放了进去，又加了点儿盐，然后拿起一双筷子不停地搅拌，"嘟嘟嘟嘟嘟"，不一会儿，鸡蛋就变成黏糊糊的黄色液体了！原来做饭这么简单啊！我不禁哼起了小曲儿。

一切准备就绪，"葱炒鸡蛋"开始了！

我拧开了煤气灶开关，见锅里开始冒烟了，忙倒了一点儿油，谁知，锅里还有点儿水，"刺刺啦啦！"油像机关枪似的不停地往外溅，吓得我急忙往旁边躲。看到锅里冒出的缕缕青烟，我咬咬牙，走过去伸长胳膊把搅好的鸡蛋倒入锅里，只听"刺啦"一声，鸡蛋下锅了，没过几秒钟，鸡蛋上就冒出了鼓鼓的大泡泡。我一手扶锅，一手拿铲子，学着妈妈的样子，左翻一下，右翻一下，拼命地翻炒，鸡蛋慢慢凝固了。Yes！我的金牌菜出锅了！我把菜端了出去，得意地说："请大家品尝！这可是我第一次独立完成的'葱炒鸡蛋'哦！"爸爸妈妈吃了直夸我是小厨师！你想尝尝吗？

莜　　面

李子豪

　　虽然，我不是地地道道的北方人，自从我吃了一道大西北的民间美食，就再也忘不了，这道菜就是"莜面栲栳栳"。

　　莜面是北方地区十分常见、广受人们喜爱的风味美食，"莜面栲栳栳"，还流传着一个故事哩！

　　隋末唐初，天下大乱，群雄纷争，李渊带兵借宿古寺，老方丈为李渊做了一顿饭，说可以让他成就一番大业。这个美食就是"莜面栲栳栳"，李渊吃了"莜面栲栳栳"，精神大振，带兵出征，便打了大胜仗。不久，李渊当了皇帝，这道美食也流传开来。

　　"莜面栲栳栳"是怎么做的？这是一门手艺，非常讲究。先将莜麦面粉和成团，压成片儿，再把黄花菜洗净切成条，姜丝成末，然后

把莜面片儿卷成卷，放入笼屉中蒸十分钟后取出，放入油锅，待六七成熟放入调料翻炒，直到汁浓盛入有蜂窝似的盘（笆斗）中。

每片莜面厚薄均匀，色香味俱全。出锅后的莜面油亮亮的，香气弥漫，味道也令人赞不绝口。桌子上放有十几种辅料，与茄子、土豆泥、蒜泥、酸菜等和在一起，爱吃辣的人倒上红红的辣椒酱或辣油，辣的你嘴唇都发麻，嘴边全是油。

莜面的吃法很多，有莜面栲栳栳、莜面条、莜面鱼鱼、莜面饺子等，都很美味。它还是天然的绿色食品，糖分低、蛋白含量高，有益肥胖或糖尿病人食用。

"莜面栲栳栳"距今已有一千多年的历史，它的原料莜麦长在黄土高原，不怕恶劣的环境和气候。著名歌唱家郭兰英曾以她甜美的歌声赞美它："交城的大山中，没有那好饭菜，只有莜面栲栳栳，还有那山药蛋。"生动地唱出了大西北的食俗风情。

哦！如果大家馋了，就去我老家尝尝鲜吧！

一块糕的故事

姚翼斐

金秋十月，又逢重阳。奶奶买了许多糕，我并不特别喜欢吃糕，吃了一半就搁下来。奶奶心疼地说："斐斐，这么好的糕怎么不吃呢？""我不想吃，剩下这么一点点，扔掉算了。"奶奶正色道："这怎么行，要爱惜粮食，我给你讲讲以前关于一块糕的故事吧。"

"那时，日子那个苦啊，什么东西都少，我干完活回家，看到一块糕在灶头上，拿起一块就吃，结果咬了一口，眼泪就出来了。"我纳闷地问："那不是红糖糕吗？奶奶你哭什么呀？"奶奶又接着说下去："看看红彤彤的颜色，我以为是的呀，可吃了才发现那是滴了酱油的糕，家里连糖都买不起！过去的那些日子，每个月才买一点点肉，糖也很少……"讲着讲着，奶奶仿佛沉浸在过去那段苦难日子里，声音也哽咽了。

回想以前，我不想吃的菜就倒了，衣服旧一点儿就扔了。"一粥一饭，当思来之不易；半丝半缕，恒念物力维艰。"奶奶生活的那个年代，什么都缺，一餐酱油拌米饭，再加一把咸菜，衣服新三年，旧三年，缝缝补补又三年。比起爷爷奶奶，我们真是身在福中不知福，有什么理由抱怨衣服不够好看，饭菜不够可口。我们应该珍惜这来之不易的幸福生活，好好学习，将来回报国家成为建设祖国的一分子。

难以磨灭的印象

程　前

时光荏苒，不知不觉间，我已从一个懵懂小孩儿成长为一名懂事有礼的大孩子。在我的成长历程中，有一件事给我留下难以磨灭的印象。

那是春节后的一天，我和伙伴们在院子里玩，地上残留着未燃的爆竹，我们决定"废物利用"燃放火药粉。

大伙儿动手收集了一大堆，然后剥开一层层纸，将火药粉倒入废弃的纸盘。我把几段未燃的导火线连接好，一端插进火药粉里，一端搭在盘沿上。堂弟点燃了导火线，它"咝咝"地冒着白烟，迅速窜向火药粉。随着"嗵"的一声，一团耀眼的烈焰夹杂着浓烟腾空而起……"哈！太棒啦！"我和伙伴们欢呼起来。

　　"咱们把火药粉集中起来燃放，那才刺激呢！"准备就绪，我从堂弟手里接过打火机，点燃了导火线。可是，却不见有什么动静，难道导火线熄了？我连忙走上前去察看，猛然火光一闪，一团更大的烈焰再次腾起，刺鼻的硝烟味直往鼻孔里钻，脸也被焰火燎得火辣辣的，痛得我"哇哇"大哭起来。

　　爸爸闻讯赶来，帮我脱掉领口还在冒烟的外衣，抱起我就往村卫生院跑。过了一周，我的脸、嘴唇、鼻子鼓起了一个个水泡，头发、眉毛都烤焦了，甚至连眼睫毛也遭了殃。那样子，活像恐怖片里的怪兽，我多少天都不敢出门。

　　"玩火者，必自焚。"这次，我总算得了一次教训。

033

红领巾书市

季印悦

　　星期五下午举办红领巾书市，我早做好了准备，书市开始以后，同学们潮水般涌到了名人长廊，争先恐后地抢着摊位卖书。卖主们各显神通，有的打着广告牌，有的大声吆喝，都想尽办法推销自己的图

草地上的芭蕾

书。我幸运地抢到了一个显眼的摊位，手里举着广告牌，大声地吆喝："永不落架的好书，走过路过，千万不能错过！"

一个高个子女孩儿来到我的摊位前，目不转睛地盯着我的书。我一眼看出我的书被她相中，可她的砍价功夫实在了得。她说："看来你的书卖得不怎么好，还有好几本没卖掉，这本书两元钱卖给我吧！"两元钱，亏她想得出来啊，真卖两元钱还不如送人呢。我对她说："《五毛钱的愿望》可是永不落架的好书，看了这本书，受益无穷。五元钱的价格很低廉，你不买是你没抓住机会，我卖不掉仍可以放回我的书架。""让我考虑考虑。""你别考虑了，这么低廉的价格，别人买走，你可就亏大了，那时千万别后悔。"那女孩儿犹豫了一会，还是买走了我的书。

这时，有个穿红衣服的女孩儿在我摊位前站了许久，目光一直注视着我的另一本书，看样子很想买我的那本书，但她始终未开口，一直站在那儿。我对她说："看得出你喜欢书，我减价卖给你吧。"她用双手捧着钱给我，虽然书卖得便宜，不过也还值得。

我带来的四本书很快卖完，赶忙揣着卖书的钱四处跑摊位淘书，还不停地与卖主讨价还价。最终，我淘到了几本好书，拎着它们心满意足地回家了。

这次的红领巾书市，我的收获很大，不仅用低廉的价格和别人共享图书资源，还实践了买卖的技巧，期待明年的红领巾书市。

夜晚是给人哭泣的

　　很多人在晚上都会莫名地哭泣，因为没有人听你诉说，没有人陪你畅所欲言，这会儿让你感到孤单、寂寞。而我也是这样。

窗台下的蒲公英

周 寻

它从不需要什么，只要一些露水、一缕阳光就能顽强地生长。它生长的地方并不起眼，就在我家窗台下面，在凤仙花的掩映下坚强地长着。也不知是谁把它带到这个不起眼的地方，但它并不奢望什么，那脆弱的嫩芽中，透露出一种向上的力量和勃勃生机。

夏天到了，它不甘心眼睁睁地看着别的花争奇斗艳，于是，它吐出了一个娇嫩的花苞，几天以后，花苞开放了。哟，这个小花朵像被夕阳染黄了似的，静静的，透出一种别样的美与高贵。

它顽强得让我自叹不如。我喜欢它的顽强，在我眼中，它就像灰姑娘一样，清澈，纯洁，但落落大方，绝不自卑。它是多么的可爱啊，就像清纯的女子，傲然在浓妆艳抹的佳丽之中，成了一道别致风景。

不久，花落了，满头的金色花瓣，变成了洁白的小降落伞。时不时来一阵小风，它呢，就像尽职的母亲一样保护着自己的孩子，那么慈爱，那么温暖……

金秋十月，天气渐凉，我拔下那根茎，一嘟嘴，"扑"的一声，十几朵小伞飞舞在天空中，风把它们带走了。临走前，小伞们还不忘回头望望它们的母亲，然后自由地乘风向远处飞翔。

几天之后，天气渐渐凉了，那株蒲公英也渐渐地枯萎了，它的时光，寄托在对种子们的希望上。生命，也许只不过是换个地点。

在路边、山巅，或者河边，一株株蒲公英在风雨中摇荡，和我窗台下的那株蒲公英一样，不畏风雨、顽强地活着，活在这个美丽的世界上。

黄葛树的呢喃

朱笑行

它是一棵树，一棵离奇而平凡的黄葛树。它栖居在四川省遂宁大英县的一条街道中央。说它离奇，是因为它已在人世间存活了四百多年。由于年迈，它粗壮的树干繁乱地交织着，两个人张开双臂都不能将它完全环抱。它的树冠巨大，仿佛要向湛蓝的苍穹无限延伸；它的枝叶上有长年累月堆积的厚厚尘埃，并分布有稀疏的小洞。说它平凡，是因为除了年迈，它和同伴相比，并无差异。

在人们的视野里，它是一棵幸福的黄葛树。因为当地的人把它尊奉为"黄葛大仙"，给它披红挂彩，还在它那弯曲树干的凹处，放上鲜花、水果等祭品，时常有人对着它默默祈祷、许愿。每到大年初一和正月十五，都会有很多善男信女来到它身边。有的放炮，冲天的炮声震人耳膜；有的上香，数支近乎一米长的红香围满了它的树干，飘出漫天浓烟；有的插烛，树干下的泥土里插满了鲜艳的红烛，每只红烛顶端都摇曳着一团炙热的火焰；有的烧纸，金黄的纸钱激起熊熊的火焰，围着树干飞旋，转眼间只剩下灰黑色的尘埃；有的祭拜，中国式的作揖磕头中透出的是一片虔诚……

可是，我却觉得，它是一棵悲哀的黄葛树。说它悲哀，是因为人们对它恭恭敬敬的祭拜，表面上光彩，实际上对它是一种难以忍受的折磨，一种痛到极致的煎熬。你看，红香飘出的浓浓黑烟，在它的周围形成一团难以散去的黑雾；红烛和纸钱燃烧出的火焰发出的灼热气流，让它仿佛置身于火炉中。这样的烟熏火燎，有哪个人能经受住？更何况，它是一棵年迈体虚的老树啊！站在它的身旁，我看到了它被人们打入十八层地狱般的痛苦，它的灵魂与躯体的艰难挣扎，还有它那正在一点点消逝的生命……

我微微闭上双眼，让心灵平静下来，倾听着黄葛树身体深处发出的微弱呻吟：

为什么，你们那么荒谬愚蠢？我就是一棵普普通通的树啊！我不是什么神仙！为什么你们就不能多考虑一下我的感受呢？为什么就不能静下心来，倾听我的心声呢？为什么就不能真正保护我，让我舒适地挺立在蓝天之下，为你们带来清凉呢？

天下的许多树木都与我一样，不求回报，不分昼夜，为人类默默奉献着。春，嫩嫩的小芽从我们的手臂上冒出来，开出缤纷的花儿，一片片明丽的色彩是春天的风景；夏，我们用树冠撑起绿伞，为你们挡住烈日炎炎，送去凉风阵阵；秋，缤纷落叶犹如数只金蝶，美妙绝伦，果树将诱人的果实挂满枝头……难道，还不够吗？为什么人们还要乱砍滥伐？为什么愚蠢的你们还要为了自己，自欺欺人地给我冠上神仙的名称，借祭拜之名折磨我？你们永远不知道，我有多难受……

我痛苦地睁开双眼，看着烟雾缭绕的黄葛树，心里一阵阵发紧。

黄葛树的呢喃，在冬日的寒风中渐渐逝去……

有谁用心倾听？

南锣鼓巷的北京味

刘海纳

冬日上午的北京，阳光斑斑驳驳地洒了一地。

就是在那个清新的日子，我来到了南锣鼓巷。这是北京一条古老的巷子，虽身居闹市却没有闹市的喧嚣，反而显得静谧、和谐，而且因为我们的欢笑而更显得青春、纯洁，就像附近什刹海的一泓碧水。

巷子里一共有八条胡同，呈鱼骨状排列，设计得简约而精妙，使人不得不叹服古代劳动人民的智慧。八条胡同上星罗棋布着许多私家院落，有王公贵族的府邸，有文化名人的故居，走进它们，你既可以看到亲自江南水乡的婉约，也能感受到北方牌楼的豪放。取人之长补己之短，这正是古都北京的特色。

小巷里的四合院极具北京特色：青瓦、灰砖、朱红的柱子，每一块砖瓦都镶嵌着历史的印迹，每一幢房屋都居住着旧时的故事。

一阵清风拂过，吹得那一旁的翠竹沙沙作响，吹得屋檐上挂的铜铃叮当叮当地鸣唱，吹得我们的思绪飘然远去。难怪有人说三里屯酒吧街是彩色的，后海酒吧街是暗红色的，而南锣鼓巷酒吧街是翠绿色的。

没有城市里车水马龙的乱世喧嚣，南锣鼓巷有着古都北京柔美的一面。这里虽然像世外桃源那样幽深、宁静，却不像世外树源那样与世隔绝。在这古朴而又新潮、怀旧而又时尚的地方，有太多令人不可思议的完美融合。

巷子里的一家家店铺都散发着唯美蓬勃的青春气息。它们有的把最前卫的衣服挂在橱窗里，让人每每经过，都忍不住驻足多看几眼；有的主打"火花"（火柴盒），上面绘着各种新奇的图案，我们几个女孩子经常在店里指着新款火花窃窃私语；有的食品店推出了棉花糖，招徕了不少馋嘴或怀旧的食客，争先恐后地重温那久违的甜蜜。更有甚者，在店门口播放着那充满青春活力的歌曲，"蝴蝶飞呀，就像童年在风里跑……"任谁听了，都会从心底泛起点点滴滴的温暖。

清风飒飒、车铃悠悠，孩子们质朴的欢笑伴着锣鼓的敲击声，构成了南锣鼓巷的旋律——古朴、柔美的音韵。在这音韵中透着令人心旷神怡、沁人心脾的清香，这是南锣鼓巷的味道，是北京的味道。

"醉"蚊记

许文晖

"池塘边的榕树上，知了在声声地叫着夏天……"每当耳边响起这欢快的旋律，我的脑海里便会浮现出童年"醉"蚊子的情景，情不自禁地笑出声来。

六岁那年的夏天，我和爸爸妈妈去乡下奶奶家玩。正巧，弟弟罗门也在那儿。他一见到我就高兴地说："哥哥，我们烧火烤豆子吃，好不好？""好！"两个贪吃鬼一拍即合。

我和弟弟来到屋外，找来柴草，点着了火，便烤起豆子来。天气很热，加上烟熏火燎，没一会儿，我俩便全身汗涔涔的了。几只蚊子"嗡嗡"地叫着围着我和弟弟进攻。很快，我俩的头上、腿上都起了一个个包，痒得弟弟直叫唤。我也痒得受不了。这可怎么办呢？我歪着脑瓜着急地想着……"嘿嘿！"突然眼前一亮，我想出了一个好主意。

我想，大人们喝了酒常常会醉，如果我们也喝点儿酒，蚊子一叮，岂不醉倒在地上，任我们摆布？此时，弟弟痒得又抓又挠，胳膊都快抓破了。我把想法告诉弟弟，他乐得又蹦又跳。我对他耳语一阵，低声说："立即行动！"我们偷偷潜入奶奶的卧室，我找到一瓶啤酒，弟弟则拿到了开啤酒的工具。我们猫着腰，躲到一个草垛后。我打开啤酒，喝了一大口，感觉味道怪怪的，一股气流直冲进我的鼻腔，呛得我把啤酒吐了出来。可为了醉蚊子，我豁出去了，捏着鼻子，"咕咚咕咚"喝了足有半瓶。弟弟一见，急了，忙抢过酒瓶，把剩下的啤酒都倒进肚里了。

喝完啤酒，我们又接着烤豆子。听到耳边蚊子在"嗡嗡"叫，我心中充满了渴望，巴不得它们来叮我，好早点儿醉倒它们。

不一会儿，弟弟呵欠连天地对我说："哥哥，我好困，想睡觉。""好的，我也有点儿困。"我边说边把弟弟搀回家。弟弟上床后，我也躺了下来，不知不觉竟睡着了。

过了好长时间，我感觉有人推我，便揉揉眼睛爬了起来，原来是奶奶。我觉得头很沉重，迷迷糊糊地问："怎么样？醉倒蚊子了吧？"奶奶被我问得莫名其妙。我把事情的来龙去脉告诉了奶奶。她大笑着说："你们这两个小傻瓜，蚊子没醉，倒先把你们给醉倒了。"

后来，这事经奶奶的大肆传播，一时成了大家的笑谈。

这件事已经过去近六年了，我至今想起来都觉得好笑。那时的我是那么天真、傻气！这成了我童年生活最美好的回忆。

咳嗽大作战

龚涛

那天清早，我起床后，忽然觉得嗓子有点儿不舒服，就气沉丹田，咳嗽了一声。只听"轰"的一声巨响，我的床"闻咳而塌"。我艰难地从床的废墟上爬起来，听到从隔壁传来邻居老大爷的怒吼："谁在外面放炮？还让不让人睡觉了？"

爸妈急匆匆地跑到我屋里，问："儿子，你这是怎么了？"我把咳嗽的事情告诉了他们，可他们根本不相信我。"咳咳！"我又是一阵咳嗽。"哗啦啦！"家里的玻璃全碎了！也好，这下我不用再解释了。

吃完早饭之后，爸爸决定带我去医院。他怕自己被我误伤，特地穿了很厚的衣服。没走两步，我又管不住自己的喉咙了。"咳！咳！咳！咳！咳！"咳嗽声像子弹似的射了出来，后坐力让我连退了好几步。虽然这次咳嗽的威力一般，但我早饭吃的大葱的味道全给喷了出来，小区里的花草树木纷纷枯萎。天啊，我咳嗽的威力不但像大炮，还可以媲美毒气弹啊。

"就是那个小孩儿！抓住他！别让他跑了！"忽然，一大群叔叔阿姨冲了过来。他们有的手提扫把，一副要把我的屁股打烂的样子；有的肩扛铁锅，恨不得一下子把我扣住……他们的共同之处是——都

戴着口罩。我赶紧跑到路边，招了一辆出租车。在我回头看的时候，又咳了好几下，把那群人震倒了好几个。

为了不让我再"祸害"大家，爸爸干脆用胶带把我的嘴封了起来。到了医院，我冲医生比比画画，医生疑惑不解，说："小朋友，你这样，我没法看病啊。"反正我也憋不住了，只好仰面朝天，深吸了一口气，撕下了胶带。"咳！咳！咳！"顿时，医院的天花板被我的咳嗽声波震得无影无踪。医院里的每个人都紧紧地捂住耳朵，痛苦地呻吟着。顿时，其他科室门可罗雀，耳鼻喉科排起了长队。见此情景，我真想逃到荒无人烟的大沙漠里，可又怕自己的咳嗽会制造出沙尘暴。我，我该去哪儿呀？

至尊"奶油大战"

张可瑜

快快乐乐的生日会，"疯狂"的奶油大战，机智勇敢的防守与反击，啊哈，真是妙趣横生啊。怎么样，亲爱的小伙伴们，你们是不是已经迫不及待想加入这个可爱的生日会啦？还等什么呢，一起来吧！

今天是我们班的可爱小"夫人"——王茜的生日。这不，我们这几个王茜的"死党"打算"进攻"王茜家，给她一个大大的惊喜。

不知是哪个"内奸"给她通风报信，我们敲门时，她并没有太惊喜。一进门，大家各自送上礼物，就争先恐后地挤到电脑桌前，热火朝天地看起了电影。不一会儿，王茜的妈妈买回了蛋糕。可因为电脑的超强吸引力，刚刚点燃蜡烛，还没唱《生日歌》呢，就有两个男生笑嘻嘻地去"霸占地盘"了！

这边，我忽然觉得头被敲了一下，我扭头一看，呀，是王志！可我这一转脸倒好，王志端着一碟奶油"啪"的一下扣在了我的脸上，顿时，我成了"花猫脸"了。同学们看见了，笑得前仰后合，范家赫还从椅子上乐得摔了下来，趴在地上直笑，看到他们笑，我也忍不住坐在地上和他们一起笑了起来。

突然，他们停止了爆笑，盯着我看，弄得我怪不好意思的，咋回事呢？我正纳闷儿，只听背后传来一阵不怀好意的笑："来，用奶油洗头对头发有益的！包你顺顺又滑滑！"又是王志！天啊，他又把盘里的奶油扣在了我头上，还给我搓了搓。霎时，同学们再次笑翻了天，谁让我摇身变成了"白发魔女"呢！

没想到蛋糕也是绝妙的进攻武器。这下同学们的手都痒痒了起来，纷纷跑到桌前，沾了一点儿奶油，疯追起来。开战才一分钟，张迪便被抹得到处都是奶油。可我们女生也不是好惹的！这不，张迪和赵瑜把王志包围起来，纪梦瑶和王茜从后面夹击。等到王志抬起头时，我们全部笑爆了肚皮，王志的脸上像朵"花"一样，头发简直成了"鸡窝"！为了报"一箭之仇"，我让纪梦瑶追王志，当王志跑到我面前时，我拿出"暗器"，两碟奶油"啪啪"两声，不偏不斜，结结实实地粘到了王志的脸上。

嘿嘿，竟然忘了今天的主角了，得给主角点儿颜色看看。最后，我们商量了一下，一人拿一碟奶油，大叫一声："王茜！"王茜一回头，"啪啪啪"，几碟奶油扣在王茜脸上，我们趁势一哄而上，给王茜"美容"了一通，此时的王茜已成了美丽调皮、纯洁可爱的"白雪公主"了！

呵呵，王茜的生日"宴会"，真是"妙趣横生"呀！

失　去

朱俊樵

老师让我们在一张最洁白的纸上，用最工整的汉字写下这个世界上你最爱的五个人的名字。

我茫然了，脑中没有一点儿思绪。在这偌大的世界中，我爱的人太多了，我不可能一一写下来。我只能按照老师的要求写了五位。

我用最粗的笔把他们刻在了那张纸上。那张纸，在注入了几个符号之后，变得更洁白了，仿佛有了香味。我看着铭刻在纸上的汉字，希望它们永远留在那里。

老师让我们把其中的一个名字划去，此时此刻，跃然纸上的并不是汉字，也不是符号，而是亲情，是一段真挚的感情。我用笔轻轻地划掉了姨妈。我想不出什么理由，也不需要理由。

这时，老师又让我们划去一个名字。第二个人是姥爷。当我用笔尖轻轻划去他时，眼前出现了一幅画面：姥爷在认真地教我学书法，那真是难忘的时刻。我的姥爷已经两鬓斑白，但他刚正不阿、机智果断，一直是我学习的榜样。他的身影、他的面庞、他那会心的微笑，此刻，就在我脑中回荡着。

我又把姥姥划掉了，在笔尖落纸的一刹那，心如刀绞，苦不堪言。姥姥是我十二个春秋的记忆中印象最深刻的人。从我出生的那一刻起，除了父母之外，最精心照顾我的人，就是姥姥。四岁起，我迷上了奥特曼，那时，我紧握姥姥满是老茧的手去书店、影碟店。外界对我来说太陌生，我只知道表现好了就能看奥特曼。姥姥一次次满足了我的愿望。六岁的我经常生病，姥姥心急如焚，带我去医院，在回家的路上，领我吃肯德基。现在的我，十分喜欢吃姥姥做的猫耳朵。每个星期六，我最幸福的事情，就是去姥姥家大吃一顿。我的脑海中，出现了这样一幕场景：我和姥姥手拉着手走在路上，突然，一阵旋风袭来，把我们分离了。我用劲儿拽着姥姥的手，但一切努力都无济于事。

接下来，老师让我们把剩下的人全部划去。我不能下笔，也不敢下笔！我不敢用一条细细的线将我与他们分离，那是我亲爱的爸爸和妈妈！可是，在最后时刻，我还是按照老师的要求做了。那神圣的纸，光芒不见了，变得灰暗起来，似乎已经腐朽了！取而代之的，是纸上毛茸茸的正在狞笑的黑色魔鬼！

三十分钟前，一切那么美好，小草和花儿富有生机，三十分钟后一切都不一样了。小草和花儿已经枯萎，我似乎在无法生存的荒岛上，一个人孤独流浪；又仿佛跌入幽深的谷底，摔得很痛；更像是在黑暗的迷宫，不停地寻找出口，一次次失败，被阴森的气息包裹。我冷了，无人为我加衣；我热了，无人为我摇扇。母亲的怜爱，父亲的理解，姥姥的呵护，姥爷的关心，姨姨的祝福……都已被恶魔吸干了，变得子虚乌有。哪里有恐惧和悲伤，哪里就有我的身影。

老师的声音传来："回家后，一切将又会回到现实。你最爱的人，会问你今天干了什么，会为你倒一杯热热的开水。"老师的话，让我心头一热，我获得了三十分钟后的第一次喜悦。

我要感谢汉字，因为，在汉字里，我懂得了爱的情感。现在，我要把自己的爱融入汉字里，让爱我的人和我爱的人看到。

露珠的世界

蔡锴熙

　　如果你是一颗露珠，你就会知道，露珠的世界是多么美妙。白天，享受阳光，沐浴清风，顺着风的方向飘向大自然的每一个角落。我无忧无虑，已经习惯了四处漂泊，四海为家的日子。可是有一天，我突然不想继续这种生活了，因为我来到了古老的榕树旁，那是"鸟的天堂"。

　　看到榕树，我就被它的美丽给镇住了：它有数不清的树枝，每根树枝又生根，许多根垂落在地上，垂落进水中。那么多的绿叶，一簇堆在一簇上，翠绿的颜色明晃晃地在我眼前闪耀，似乎每一片树叶上都有一个新的生命在颤抖。从前，我一直以为我们露珠是最美的，那是晶莹纯洁的美。可因为长期待在榕树的身边，我结识了一大群的朋友：有美丽的花朵，有青翠的小草，还有许多五花八门、五颜六色的小鸟。每天听鸟儿唱歌成了一种享受。一到时间，它们就成群结队地飞出来，瞬间，到处都是鸟声，到处都是鸟影，我的眼睛应接不暇。

　　令我印象最深刻的是我生日那天，百灵鸟们特地为我创作了一首歌："露珠的世界，总令人捉摸不透。但你那充满阳光的性格，我们都知道。所以才会说，露珠是落在地上的叶子，叶子是漫天飞舞的露珠。"

可我知道，露珠的生命是短暂的，不管世界多么美好，第二天第一缕阳光照耀在我的身上，我便开始慢慢消亡。我化成供榕树生长的养分，那满树的叶子和满天的鸟儿都在向我表示感谢。从此以后，我的生命转化为另一种东西，变得更有价值了。我的朋友们，一定不会忘记，曾有一滴快乐的小露珠……

品月趣事

　　月光如水银泻地般，晶莹无瑕，就像披着婚纱的新娘在半空中漫步，露出甜美的微笑，映照在村前的池塘上。微微飘荡的青烟，忽明忽暗的烛火，给这月夜增添了几分神秘。

桂花树下的那一元钱

黄紫祎

友情是心中的一元钱，永不丢失……

——题记

　　微风轻轻吹过发梢，滑过你红润的脸庞，留下一丝痕迹。桂花飞起的枝丫下，我看见了你手中那枚被擦得发黄的一元钱。你把那带着手中残余的温度的银圆，小心翼翼地放在我手心里，你朝我嘴角轻轻上扬，那金灿灿的朝阳穿过冰冷的空气，照在你脸上。可我却不知那小小的一元钱竟是你的……

　　又是星期五，星期五是我又爱又恨的一天。周五既有体育，也有美术。体育要跑来跑去，跳来跳去的，身为一条货真价实"懒虫"怎会喜欢呢？美术嘛，就一点不好：要买钩线笔，"糟啦！"我刚走到校门口，顿时恍然大悟："今天，要买笔，差点儿忘了。"我不顾前方的同学，像一头牛般向前撞，撞，撞！可好不容易到店门口，却发现少带了一元。正当我围着老板娘转到第八圈时，我看到了一位自带光芒的"救世主"——你！

　　我远远望见你优美身影在桂花的衬托更加美丽动人，耳畔传来一阵阵清脆的"交响乐"，我跟你讲完事情的由来，一双眼睛中充满着

期待。你从口袋中掏出那一枚小小的银圆，递给了我，我兴高采烈地跳向商店。可我却没有瞧见背后的你却是一脸的苦涩，却是一脸的担忧，却是一脸忧郁……可当你望见我走出商店却是一脸的笑意，一脸的温暖，一脸的温馨……

美术课时，你被古板的老师骂了一顿。我望向你时，你却微笑着回应我的眼神……

我心头一振，呆住了……

月，悄悄爬上枝头；风，送来无边幽香；雾，挡住了我的眼线。一朵飘落的桂花落在了我的窗前，落在了窗台的银圆上面，遮住了它的"思绪"，也遮住了我的回忆，不被你所发现……

小小淘气包

韦小萌

瞧！这个小淘气包又在捣乱了！你看，地上一片狼藉，桌子上废纸成团，这些都是她的"杰作"。行，咱压压火气，不批评她了。来跟你们介绍介绍我可爱的丫丫妹子吧！

一张充满稚气，智慧，像牛奶般白嫩的脸蛋上，有两条浓浓的眉毛，一对水灵灵，干净，纯真的大眼睛上呼扇着长长的睫毛，樱桃般的小嘴，红红的，一看这模样，任何人都想亲她一口，这迷人的小家伙！

丫丫家在河北，她是个地地道道的河北人。怎么说呢？丫丫就像河北的白洋淀的风景那样朴素、自然、可爱。丫丫的想象力丰富，有时，她那美丽遐想可以让在场的所有人陶醉。

一次，我和丫丫在廖阿姨家的阳台上看月亮。那晚的月亮很迷人。如水的月色照在她的脸蛋上，让我感觉丫丫像是一位小天使。我记忆很深刻，因为平时淘气的她，在看月亮时竟如此安静。她盯着月亮看，以至于别人认为她想把月亮摘下来，瞧个明白。她柔柔地说："姐姐，你看，月亮哭了，星星是她的眼泪。"我心头一震，一个五岁小孩，竟能说出这样诗意绵绵的话。小家伙，不简单呀！

丫丫有时文静，有时却像个风风火火的假小子。

下雪的那几天，丫丫异样兴奋。她到院子里打雪仗，总能把几个年龄相仿的男孩子给打败。我曾亲眼见过她"打仗"的样子，一个人忽然俯卧，忽然上跳，忽然左移，忽然右走。像只小猴子在打架，只见她蹲着，手拿雪球，向后一挥，雪球便稳稳当当地落在"敌人"的身上。这一招一式的，还挺像样。

读者你也一定迷上这小家伙了吧。呵呵，我亲爱的丫丫，让我亲亲你吧！

品月趣事

邓秋雨

"平分秋色一轮满，长伴云衢千里明"，转眼间，一年一度的中秋佳节又来了，我的脑海里不禁浮现出儿时过中秋吃月饼的场景。

在柔柔的月色下，蝉鸣蛙叫，炊烟袅袅，乡村的院子里放了一些桌椅，摆放着香烛、芝麻饼、糍粑等简单的食品。轻霜初降，月光如银，凉风习习，我们四姐妹围着那用纸包着的六个芝麻饼，早已垂涎三尺了，可还要耐着性子等着妈妈的祭月"工程"完成。只见妈妈划燃火柴，点燃插在萝卜上的香烛，分给我们四姐妹每人一沓纸钱，叫我们烧给死去的外公、外婆。我们虔诚地双手合十，口中念念有词。等到我们的祭月工程结束的时候，月亮已经爬得很高了。

终于可以开始品尝月饼了，爸爸给我们每人发了一个。我们四个捧着那圆圆的、香香的月饼，口水直往下流。只有这一个月饼，我还真舍不得吃，但最终还是禁不住月饼的诱惑，忍不住咬开那脆脆的皮儿，嗯，真甜！真香！馅儿是白糖加橘子皮做的，吃起来有清香的橘子味。四岁的小妹妹特别馋，一边吃一边说："哇，真是太好吃了！"三两口便吃掉了她的那一个，连嘴巴边上的最后一颗芝麻粒，也被她卷进去了，还舔着嘴，眼巴巴地瞧着我们还在细嚼慢咽地品尝着美味的月饼！看着她意犹未尽的样子，我们都觉得好笑！大家都逗着她来玩，我们互相追打嬉闹着……忽然间，不知是谁喊道："看！多圆多亮的月亮！"我们都抬起了头，月光如水银泻地般，晶莹无瑕，就像披着婚纱的新娘在半空中漫步，露出甜美的微笑，映照在村前的池塘上。微微飘荡的青烟，忽明忽暗的烛火，给这月夜增添了几分神秘。

月色、轻霜、欢笑声……这清爽怡人、宁静祥和、充满欢乐的晚上啊！

我和妈妈的"战争"

彭梦媛

　　我有一个细心的好妈妈，作业中的任何蛛丝马迹都逃不过她的火眼金睛。可她却有一个马马虎虎的女儿，粗心大意成了我的家常便饭，每次我和妈妈都会以"粗心"和"细心"发起战争。

　　有一次，我三下五除二地把作业写完了，正准备去看电视，妈妈笑眯眯地对我说："作业检查好了吗？把作业拿来给我看看。"我极不情愿地把作业拿给妈妈，她时而在草稿纸上写写画画，时而翻开语文书对答案，时而翻开字典查一查……由于我每次家庭作业都因为粗心而受到妈妈的责罚，所以这时，我就像一只待宰的小羊羔，不知所措地站在一旁，等待着暴风骤雨的降临。突然，妈妈的眉头开始拧成了两个黑疙瘩，脸上从晴转阴，笑容渐渐消失了。我的心里忐忑不安：坏了，肯定又错了！正当我胡思乱想之时，一只大手突然伸过来，把我拉到作业本旁边。妈妈用另一只手指着作业本，严厉地说："你仔仔细细看看这道题！"我认认真真地把每一个字都检查了一遍，觉得一点儿问题也没有啊，便问："哪儿不对了？""你的标点到哪儿去了？"我这才恍然大悟，原来是一个逗号没有标清晰，便不以为然地说："这么点儿小问题，值得这么大惊小怪吗？真是小题大做！"妈妈却语重心长地对我说："小石头能打破大缸，这么小的错

误也要改正，不能忽视。"我赶紧认认真真地改正了。

改完语文作业，我刚想去玩电脑，妈妈又对我说："数学作业写完了吗？给我检查。"我无可奈何地把数学作业拿给妈妈。过了一会儿，妈妈把我拉到她旁边，说："看你写的这个'0'简直像个啤酒肚。"我只好去给数字"0""减肥"去了。

虽然每天都在上演"细心"和"粗心"的战争，但我发现，经过妈妈的细心调教后，我的成绩也犹如芝麻开花——节节高了。这都是在妈妈的帮助下，我才会天天进步啊！

我渴望牙齿出狱

　　那次，看着那些人放肆地咬着螃蟹，我只能默默地站在一个小角落；那次，烤肉的"滋滋"声回荡在我的耳边，我只能在一旁吃着鸡蛋粥。我渴望牙齿出狱。

我渴望牙齿出狱

柯知吟

那次，看着那些人放肆地咬着螃蟹，我只能默默地站在一个小角落；那次，烤肉的"滋滋"声回荡在我的耳边，我只能在一旁吃着鸡蛋粥。我渴望牙齿出狱。

那坚硬的铁绳子，无情地封锁了我牙齿的生长路线，那铁绳将我口腔内部肆意地割开。张开嘴，总有一股刺鼻的血腥味儿，我自己有时候闻到都会作呕。

又是一个魔鬼星期日，我带着牙具，坐上了"刑车"。我的手脚没有遭到铁绳捆绑，而是我的牙齿被绑了。我被"押送"着到了温州。"绞刑官"做好了准备，那几把一尘不染的"刑具"也准备好了，仿佛要将我痛死。我躺在"刑床"上，"绞刑官"那冰冷的眼神，足以将我冻裂，我的鸡皮疙瘩瞬间被激了出来。我的心里充满了愤怒，我真想找一把剪刀，将绳子剪开，可是我总是找不到剪刀，我心中的火苗怎么也灭不了。

又加"刑具"了，只见一条皮筋在我的牙齿间灵活地穿梭着，"绞刑官"一松手，只听"啪"的一声，皮筋打在了我的牙齿上，我的嘴里散发出的血腥味儿越来越浓，可是我嘴里面一点儿血都没有，好痛。

回家发生了一件又好又坏的事情，老爸要请我去吃烤肉，但是我的牙齿好痛！我用手轻轻地点了一下牙齿，"啊——"那撕心裂肺的海豚音，震得玻璃都"嗡嗡"响。这么脆弱的牙齿，能扛得住烤肉的攻击吗？

　　我坐在那儿将肉剪成一小块儿一小块儿，放在嘴里舔了舔。嗯！味道好鲜啊！好想尝一尝，我怀着好奇心轻轻咬了咬……我实在不敢尖叫，眼泪开始在眼眶里打转，我又无奈又痛苦，只好将那一小块肉吞下去。我看到了自己梦寐以求的辣炒年糕，那味道闻闻就很诱人。再试试看吧！我将一大块淋满辣酱的年糕小心翼翼地送进嘴里，憋得痛，鼻涕一把泪一把地咬着，尽管牙齿在我嘴里求饶着让我轻一点儿，可是为了辣炒年糕，我拼了！

　　吃完了美味又痛苦的一餐，牙齿君现在还在狱中修炼着。

　　我渴望好好吃一顿大餐，我渴望自己的牙齿出狱，我渴望着那天，渴望着出狱的那天。

　　为了笑得灿烂，所以我过上了带牙箍的日子

　　我的龅牙真的很不和谐，我一笑就捂嘴，一捂就是一年多。终于开始带牙套了，在没有上钢丝的那段时间，我还是很开心的，嘴里多了一些东西觉得很新奇，亮闪闪的。最重要的是，有了这些东西的掩护，我的龅牙不那么明显了，也是从这时候开始，我不再捂嘴笑了。

老爸醉酒何时休？

孙蓓妍

我的老爸是个豪爽人，对朋友的要求从不拒绝。此等性格让他赢得了不少人的赞，但在酒桌上就大事不妙了，不用人劝说，他都会满斟一杯，朋友来敬酒，他更是来者不拒，兄弟情深一口闷，所以他喝醉是家常便饭，身上的几处伤疤便是酒场上逞英雄的"战利品"。

今天老爸有饭局。晚上，我和妈妈安静地坐在沙发上，一个看书，一个看手机。别看两个人神情自若，其实心里都在暗暗祈祷某人别喝醉。"吱呀——"门开了，我和妈妈神同步一齐看向门口，眼神中满是期待。老爸在我俩的注目礼中摇摇晃晃地走了进来，朝我们笑了两声。还能笑，也许没喝醉。谁知被门口的鞋绊了一下，竟摔了个"屁股蹲儿"。他坐在地上搜寻着罪魁祸首。呀，肯定是喝多了！我暗叫不好，赶忙过去伸出手想扶他起来。结果老爸"不识好人心"瞪了我一眼，挥挥手说："我没醉，我自己来！"边说边扶着墙摇摇晃晃地爬起来，拍了拍身上的灰尘，还没换鞋便开启了"唠叨模式"。

他从一天的工作开始，先说看了多少个病人，遇见好多熟人，都有谁谁谁；他们都是些什么病症，有肚子疼的，也有头痛的等等；再说肚子疼分N种不同症状，诊断结果千差万别……从上班谈到下班，又从领导聊到同事，照这状态下去，何时才能休口？算了，耳不听为

净！我不耐烦地翻了一个白眼儿进书房写作业去了，老妈也戴上了耳机。虽然没了听众，可老爸依然谈兴正浓，他打开电视，边看边发表演讲。渐渐地老爸被《琅琊榜》上飞流的招数吸引住了，大叫一声"嗬！哈！"还模仿起了"凌波微步"。老妈摘下了耳机，我也走出来无奈地打量着这个老小孩儿。唉，我怎么摊上了这么个爱喝酒的老爹啊！

"福无双至，祸不单行"，老爸正练得兴致盎然，脚猛地一踢，把茶杯打翻了，弄得茶几上一片狼藉。老爸就像犯了错的孩子似的，红着脸乖乖坐在沙发上，许是怕妈妈训他吧！但好景不长，一会儿他忍不住了，把藏在肚子里的话全一股脑儿吐了出来。没办法，我和老妈无奈地奔向了"安全的港湾"——床。不过，床似乎也不是个安全的地方，老爸跟了过来，继续他未完的演讲。我们被他折磨得头脑发胀，他却依然滔滔不绝地说了一个小时，才酣然入睡。

老爸呀老爸，你就不能控制一下自己吗？喝酒给你一时的快乐，也给你带来了永恒的伤痛呀！你什么时候才能够醒悟过来？

061

夜晚是给人哭泣的

金美娜

夜，对于我来说，是美好的，也是难过的。让我兴奋，也让我哭泣。这就是我喜欢夜的原因。

夜，让我开心，能让我做自己最喜欢的事——睡觉。静静地躺在床上，甜美地进入梦乡，做着自己最爱的梦。但是，夜，也让这梦总是不尽如人意，梦不到自己最喜欢的事，反而让人感受了一次惊险的旅程。

几乎人人都说：白天，光明的象征；黑夜，黑暗的象征。但是，我认为，其实白天是无忧和坚强的象征，黑夜是思念和释放的象征。白天，几乎所有人都有事要做，忙得不可开交；而黑夜，大多数人认为是让他们放松的。但我认为不是。黑夜，是让人们更累的时候。谁让它是思念和释放的象征呢？

许多伟大的人写"思念"不都是在夜晚吗？因为夜晚，最安静啊，安静得让自己感到孤独，让人不由自主地想起自己的牵挂！很多人在晚上都会莫名地哭泣，因为没有人听你诉说，没有人陪你畅所欲言，这会儿让你感到孤单、寂寞。而我也是这样。在夜晚，没有人与我说话时，我会想起一些不怎么好的事情，一个人躲在被子里默默哭泣。

人在控制不住情绪的时候，必须有一个发泄口来发泄自己，否则，会心理压力过大，导致明天没有精神做事。而最好的发泄就是哭泣。

虽然，哭是没有用，也没有意义的举动，但是哭出来能让人的心理上有些安慰。与其憋在心中让自己难受，还不如哭出来让自己好受些。

在夜里哭泣，能让自己活得轻松些、舒服些，所以，夜晚是给人哭泣的。

我 的 江 湖

邹宸晰

现如今，是手机网络横行的天下，你还别说，有了它，我的生活可真是快意江湖。

初 入 江 湖

刚刚接触网络，我像一只菜鸟手足无措，只会用"六脉神剑"一指行走天下，"大鱼吃小鱼"成了我的入门武功。为此，我乐此不疲。为了功夫深，在学习上也能独领风骚，我少不得拜师学艺，到处查找资料，网络成了我的良师益友。不懂的问题，只要找我师父"度娘"，就是天空飘来五个字"那都不是事"，所有问题都迎刃而解。为此，我的学习如手拿菜刀砍电线，一路火花带闪电，飙飞不已。在学习的天空中占有一席之地，真是初入江湖，旗开得胜。

身 在 江 湖

"沧海一声笑，滔滔两岸潮，浮沉随浪只记今朝。"这不，我畅游网络、笑傲江湖、快意恩仇。当别人在刷题时，我却直追网络热剧，一部一部地追，追得遇见月亮叫太阳，见了美女喊帅哥，碰到萤火虫那就狼嚎"一闪一闪亮晶晶，满地都是小星星"。江湖游戏更是一个接一个地玩，玩得昏天黑地，不知天上人间，今昔是何年。淘宝网上我买买买，成了名副其实的剁手族。刷微博聊微信更是不在话下，十八般武艺样样精通，江湖风云被我搅得那叫过瘾。学习的道路上呢，只能渐行渐远。为此，老师三番五次地告诫我"且行且珍惜"，可我置若罔闻，心里自叹，我是身在江湖，心不由己呀！

金 盘 洗 手

我控制不了心中的执念，谁不让我玩电脑，我就要哭，我就要闹，整宿整宿不睡觉，手里拿瓶安眠药，拿根小绳要上吊。从此，作业不再宠幸，课本被我打入冷宫。为此，老妈成了老师的"座上宾"，我被老爸的"上网禁止令"通缉，七大姑八大姨轮番对我疯狂洗脑。在这些武林高手的围攻之下，我没有招架之力，武功尽失。最后我只得金盆洗手，退隐江湖，从此不再过问江湖的是是非非，虔诚理学。

互联网对我如江湖，我似浪迹天涯的侠客，冷暖自知，其间滋味不能一一言述。

北方小记

　　闲步在校园小路上，左手是一袭素绿，右手是一片灿烂——荷花睡醒了，置身其中，我总能过滤掉身边的川流不息与人声鼎沸，想象出四月樱花的一片烂漫与纷飞。

槐花满园的时候

黄戴君

初夏，正是槐花开放的时候，雨忆小学的校园里，一片浅黄色。下课铃一响，我们几个女孩子便奔到一棵弯了腰的槐树前摘槐花。有的连着枝像花棒，有的一个一个，淡雅、芳香。我们不停地摘呀摘，一群女孩子，踮着脚尖，仰着头，几只手上上下下来回活动，槐树也跟着频频点头！

起初，我们各采各的，最后比谁采得多，然后，互相往对方身上一撒，一起跳起来。那感觉，就好像沐浴在花海中，轻轻闭上眼睛，感受花从脸颊滑过！真是一种享受！

睁开眼睛的时候，大家都笑了。旁边一位老奶奶摘了一朵槐花，放进嘴里，"啧啧，真甜！"她说，"这槐花可以吃，很香，很甜的。"

我们一听，也顾不上享受花瓣雨了，急忙齐心协力摘槐花。集体的力量就是大，不一会儿，我们四个女孩子的口袋里、手里，已满满的都是傀花了。于是大家又一同取出几朵槐花，你看我，我看你，尝试性地吃了下去，果然很甜，我们都露出了灿烂的笑容。

爱美是女孩子的天性，我们把一口袋的槐花你帮我我帮你，戴在头上，系在手指上，别在胸前，甚至编成花环，套在了头上。好一派

热闹的景象。"梳妆"完毕,我们四个姐妹互相一看,再一次甜甜地笑了!

口袋里似乎还有一些槐花,"来玩打花仗吧!"琳说了一句。"战斗"打响了,大家各自从口袋里拿出槐花,使劲儿往目标方向扔去,边扔边左躲右闪,以防被"攻击"。不一会儿,我们的口袋就扁下去了,慧倒是机灵,一个箭步冲到树前,胡乱拽了一把,向我们扔来,我们只好抱头逃跑。最后,游戏以慧的胜利而告终,姐妹们脸上的笑容依旧甜美、灿烂……

"丁零零——"我像从梦中惊醒般被吓了一跳,使劲儿眨了几下眼睛,但我面前,只有一棵还挂着些雪花、掉光了枝叶的枯槐树。一切都消失了!一切都只是回忆!我站在冬天的操场上,一个人,默默的……

那是这个夏天,槐花满园的时候,我和姐妹们在开满槐花的树下玩耍的场景。

望着眼前——那时我们姐妹们的欢乐基地,我含着泪,笑了!上一个槐花满园的时候,是我们留下欢声笑语的时刻,而下一个槐花满园的时候,将是我们忧伤离别的季节……

动物园里的悲鸣

李思璇

假期里,太阳火辣辣地照着大地,我和几个同学来到了红山森林动物园游玩。这一天来的人可真多啊！放眼望去，人山人海。在这里，我们看到了许许多多的动物：狮虎兽、非洲狮、长颈鹿、黄金蟒等等。企鹅馆里，我们还看到了好几只肥嘟嘟的小企鹅，非常可爱。

绕过企鹅馆，有一大片的空地，里面有小鸡、小鸭、小猪、小羊等，它们被圈养在圈里，每隔十五分钟饲养员叔叔就将它们牵出来表演节目，其中有一个节目是这样的：

一位驯兽师，手里拿着一个铁丝棍，赶着三只憨态可掬的小猪，大摇大摆地走到表演台上。我一看见它们，立即喜欢上了它们。只见这三只小猪粉嫩嫩的皮肤，大大的鼻子，肉嘟嘟的身材，嘴里哼哼唧唧地，好像在说："人类真是烦死了！人家大餐还没吃饱呢！"当它们经过一个小水塘时，只见驯兽员用铁丝棍对着小猪的屁股抽打了几下，三只小猪全身抖动了一下，立即蹚过了河，然后又被驯兽师赶到了一个跳台上。三只小猪站在两米高的跳台上，可能有点儿害怕，身子在不停地发抖。可是驯兽员视而不见，又用铁丝棍将小猪"推"下了河。上岸时，它们甩了甩脸，水珠飞溅，然后又摇摇晃晃地走下了舞台。这便是所谓的"小猪跳水"。观众群里爆发出阵阵的喝彩声。我看了，却油然而生一股怜悯之心，想着小猪被抽打下水，浑身发抖的情形，怎么也笑不出来。如果换成是驯兽员自己的话，那么她将会是什么感受！

绕着这个广场转了一圈，我又看见许许多多的动物：有一只拉车的羊，头上扎着一朵大红花，眼睛下方还用一条绿色的带子扎了起来。它趴在那儿一动不动，眼神里充满了悲伤。我去树下捡了几片叶子喂给它吃，或许是好久没有吃到食物了，它一看到树叶就狼吞虎咽起来，却仍然趴在那儿，点点头，嘴里"咩咩"地叫着，仿佛在说："失礼了，我不起身了，他们只有拉完车后才给我吃食物，我饿得没劲儿了！"

还有几只羊，饲养在一个圈里。一只白色的母羊正在吃我喂给它

的食物。突然，有一只黑羊发疯一般跑过来，用角顶开了白母羊，然后用乞求的眼神看着我，似乎在说："给我一点儿吃的吧！我也饿坏了！"看着它那双充满乞求的眼睛，我不禁心软了，就将几片白菜叶放进了它的嘴里。它那吃相真是惨不忍睹，还没咀嚼，就一口将菜叶吞了下去。大概是卡到了吧，只见它伸长脖子，前后不停地摆动，很长时间才停止。

回家的路上，我的脑海里像放电影一样不停地闪现出这几个画面：大树下一动不动的羊，羊圈旁乞求的羊，被抽打着跳下水的小猪……它们在哀鸣，在对红山森林动物园叹息，也在对我们人类呐喊……其实，动物园还少一个动物，那就是我们人类自己！应该让你，让我，让他，都去尝一尝被关在笼子里的滋味……

渴 望 绿

张蓝天

我曾经为柳树多添了一株新芽而欢呼，我曾经为院中一棵翠苗的出现而快乐，我曾经喜欢在枝繁叶茂的树林中奔跑，风儿轻轻扇一下扇子，便涌起阵阵林涛，"哗——"感觉如排山倒海一般。现在我慢慢长大了，当我看见宇航员从飞机上拍下的地球照片，我紧盯着电视，惊讶不已，地球上的海洋面积逐渐扩大，而绿色森林的面积却越来越小。我心想：绿，难道我们眼睁睁地看着它消失吗？

在林间小道上散步，周围有棕绿、淡绿、浓绿、中绿、翠绿……

这些深浅不同的树木，真是好看，可没走几步，林子就没了，真是可惜。于是，我深深迷上了绿色，它是代表希望、生命的颜色。有时，我傻傻地想：若是将蓝蓝的天和淡黄色的地搅在一块，调均匀，中和成了晶莹的绿色，涂在沙漠、荒山上，世界不就生机勃勃了吗？

随着工业越来越发达，人们只会坐在别墅里望着门口稀稀拉拉的小草，不去聆听树林的呼唤，不去理会荒山的叹气。山上光秃秃的，就像一个布满皱纹的老人。松散的泥土不停地从山上滚下来，当风一吹，满天飞舞着黄沙。小鸟皱皱眉，摇着头边飞边说："这个环境，我可忍受不了。"松鼠摆摆绸缎似的大尾巴，用黑芝麻大的鼻子嗅嗅说："我想松树不愿意住这儿。"跳跳地离开了。小猴把手搭在额头："哎呀！我还要玩'林间穿梭'这游戏呢！"它也走了。没有动物陪它，没有人们来改变它。荒山哭得伤心极了。山下的河水开始疯狂地唱歌："向前出发，毁坏山坡，冲垮村庄，将四周呀变成汪洋！"那声音粗粗的，带着狂笑，向荒山撞去。"轰——"山倒下了一半，沙石掉入了河流。一夜之间，地上的小草，前方的树都被刨出了根。"哈！我最爱喝荒山那老家伙的眼泪，它一点儿抵抗力都没有，这么轻易地就被撞倒了！"河水意犹未尽地说。荒山没了信心，它也想变得强壮而美丽，可它的力量实在太小，太小。

直到有一天，人们开始意识到了绿树的重要。荒山感觉到清水渗入了它体内，它突然发现自己变了，泥土被树根扎得十分紧，身体也变得强壮了。小鸟眼最尖，开心地飞过去，衔来了树枝、泥土，在此安居乐业。小兔悠闲地跑过来，"哇！这么美丽的地方可少见，嘿！青草可以做我的美食，老雕那坏家伙就算它是千里眼，也难找到我！"松鼠流着口水，馋着跑过来，茂密的松树上结了大大的松果。小猴翘着尾巴，攀在树上，拉着树藤，快活地玩起了"林间穿梭"。山上万紫千红，花团锦簇，香气扑鼻，参天大树和白云做朋友，小草和蚂蚁做邻居。

昔日的荒山，不仅成了绿的天堂，也变成了动物的天堂。荒山笑出了眼泪，它渴望绿，终于盼到了绿！山下的小河滋润路旁的花草，荡着碧波，哼着摇篮曲，慢慢淌过果园……荒山看见了一条条红领巾在风中飘扬。那是小学生们上山植树的身影。

　　人们终于醒悟了，荒山，不，它已是一座青山了，这样的山才是可爱美丽的。远处万山青葱，群山披翠，绿的气息、绿的样子在太阳下闪烁！

　　土地让绿生生不息，天空给予绿青翠欲滴的色彩，人们拿起那枝大画笔，蘸上鲜艳的颜色，把荒山、沙漠涂上了绿色。

　　今年春天，我要栽下一棵树，因为我想：渴望绿，世界就会充满幻想；培养绿，绿的气息才会永存在身边！

北方小记

韩刚健

　　北方，十几年来接纳着我的脚步，一如既往慷慨地提供给我坚实的土地，温暖的怀抱。生于斯，长于斯，流年的时光让我能够静静地见证这里富饶与荒凉、悲与喜的变迁，四季的轮换以及那些触动心灵的瞬间。

阳春三月

　　三月，风沙还是习惯性地光顾了北方。乍暖还寒的天气着实推迟了盛春来临的日期，却也实实在在地洒给了我一大把的时间来抚摸柳枝的嫩芽——那些浅黄绿色的星星点点，让我费尽眼力在道路两旁寻觅着第一朵迎春花开放的痕迹。

　　找到了！

　　在阳光最盛的拐角处，在人们还穿着厚衣重袄的时候，一朵鲜嫩的花朵用鹅黄的娇柔抚慰了那一片褐色的枯枝败叶的天地。当它还未太多地进入人们的视野时，它早已成为了我用摄像头记录下的完美瞬间。

　　"春脖子短"，北方的春天瞬息已逝，我却从时间的夹缝中找到了春天的礼物，收藏了它短暂而永恒的美丽。

盛 夏 六 月

　　六月，那些嫩芽早已舒展开来。闲步在校园小路上，左手是一袭素绿，右手是一片灿烂——荷花睡醒了，置身其中，我总能过滤掉身边的川流不息与人声鼎沸，想象出四月樱花的一片烂漫与纷飞，一种享受，一种惬意，一种舒适。

　　夏天是北方人恣意活动的时节。傍晚的街道，人头攒动；大排档里，座无虚席；街头巷尾，残余着白天的热气，夹杂着鱿鱼、羊肉串的喷香不时而至，耳边则混杂着"滋滋"的烧烤声与人们的高谈阔论声。茶余饭后，一家老少，沿河散步，听听蛙叫，散散炎热，话话一天的生活。河边潮湿而温和的风无疑是最舒适的礼物。河岸边，长廊中，木芙蓉下，总是能看到老人们悠闲而坐的身影。蒲扇一扇，双眼

一闭，美美地享受着夏天里河边难得的清凉！

金 秋 九 月

人们总是用"金秋"来形容九月的风景。其实，九月还是夏天的尾巴，柳树与迎春似乎还保留着无限的活力，那些素绿与灿黄只是黯淡了些许，偶尔会留下生命代谢的痕迹。校园里那一潭池水似乎也受到了秋风的感染，叠出了一层层的皱纹，偶尔也听得到那微微的叹息。

对农民来说，收获之季即将来临。在我眼中，农田拥有着一种朴实的透着土地气息的黄色，散发着令人亲近与向往的味道。收获预示着忙碌，象征着幸福。尖锐的锄头划过，肥沃的庄稼地留下丰收的痕迹。公路上、场坝里铺洒着一片片一层层收获的硕果。当它们被铁耙扬起，那片黄色中闪亮着阳光的欣喜，飞扬着农民们的希望。

寒 冬 腊 月

十二月，冰雪的身影还未现身，天空基本上只有两种表情：阴沉沉与亮晶晶。冬日的阳光颇为稀罕，晴天一至，户外的晾衣绳上便会闪电般挂出一溜床单、厚被，在沉甸甸地摇坠，着实厚待了这阳光。也只有在这晴天之中，路上的行人脸上才褪去了严寒冰冻的冷漠，添上了属于温暖与微笑的亮色——仅属于阳光的灿烂颜色。

这里的冬天还被这样一群特殊的小孩子标记着。他们带着深色的耳套，被妈妈们裹成了圆球，手冻成了胡萝卜，却丝毫没有消减他们放炮的乐趣。鞭炮放在台阶上，一只手颤悠悠地靠近，点着，捂住耳朵，转身奔跑……他们的出现提醒了我们，年要到了，冬深了。

飞沙席卷的狂暴不是北方的春天，干燥龟裂的贫瘠土地代表不了

北方的夏日，秋天的北方不是一片寒意提前报到、毫无生机的土地，冬天的北方也并非只有"千里冰封，万里雪飘"的严寒。这里的春可以柔美，夏可以热烈，秋可以朴实，冬则有着零星的美丽。

生于斯，长于斯，北方的土地，是每个北方人坚实的起点与成就的原点，是时刻等待的臂弯，有着取之不尽的温暖。

爷爷的地图

　　无论哪个城市都是日新月异，无时无刻不发生巨大的变化。好啊！我们的祖国、我们的城市，明天一定会更加美好！

逃家小狗

陈 恬

有只小狗希望独立生活，不再依靠妈妈，早想离家出走。

一天，小狗鼓起勇气对妈妈说："我要逃跑了。"狗妈妈觉得很有趣，就说："如果你要逃跑，无论是天涯海角，我也要去追你。"

"如果你来追我，我就变成小草，让你认不出我！"

妈妈说："如果你变成小草，那我就变成大地，让你在大地上健康地成长。"

"如果你变成大地，我就变成天空的白云，你就抓不着了。"

"如果你变成白云，我就变成风儿，将你吹回家。"

这没有难倒小狗："如果你变成风儿，我就变成玩具，摆在商店里，使你无法找到我。"

狗妈妈就是狗妈妈，智商永远比孩子高，眼界也放得远："如果你变成玩具，我就是那商店的主人，不把你卖出去。"

"如果你是商店的主人，我就变成一本书，让你看不见我。"

"如果你变成一本书，我就是书架，你时时刻刻都睡在我的怀里。"

"如果你是书架的话，我就变成一个小女儿孩跑回家。"小狗打消了离家出走的念头。

妈妈高兴了："如果你变成小女孩儿，我正是你的好妈妈！"

小狗说："妈妈，我对您发誓，再也不逃跑了！"

"真好！来，我的小宝贝，有些骨头，尝尝鲜吧！"妈妈温柔地说。

香港迪士尼乐园

许　悦

暑假，我和妈妈组成迷你自由旅行团，乘飞机到香港，终于有机会到期盼已久的迪士尼乐园游玩啦！

我们坐在前往迪士尼的地铁上，车窗外的景物迅速倒退，看得我眼花缭乱。列车停靠在迪士尼乐园的站台上，下了地铁，我飞快地冲向乐园的大门。

一进大门，眼前是一条巨大的鲸鱼，它正上方的水柱上有一只正在冲浪的米老鼠，随后看见许多在动画片中见过的老朋友——调皮的唐老鸭、美丽的白雪公主、胖胖的维尼熊、神通广大的巴斯光年……

忽然，一辆古色古香的蒸汽小火车朝我驶来，我迫不及待地拉着妈妈的手登上火车，游历一大片茂密的树林。小鸟在林中放声歌唱，长颈鹿低头吃着树叶，小熊在草地上玩耍……这里真是动物的天堂。

一转眼，火车到站了。下了火车，我乘上一艘造型奇特的木筏，开始神奇之旅。河道两旁时而出现非洲大象，长长的鼻子对着我们喷水；时而一头鳄鱼虎视眈眈，张开血盆大口游了过来；时而水里冒出一只河马，原以为它要咬木筏，没想到是在打哈欠，真是虚惊一场。这时，传来一阵阵鼓声，我们进入了食人族的领地……

我们还去了趣味盎然的小熊维尼童话世界，飞越了惊险刺激的太空山，还在美国小镇的大街上漫步呢！

在这里，我不仅欣赏到了美丽的风景，更为乐园设计者的巧妙构思而惊叹。香港迪士尼乐园，不愧是大人和孩子的游乐天堂。

爷爷的地图

贾心泉

爷爷有个习惯，每次外出开会、办事或者旅游，都要买一张当地的地图。地图在手，就知道这个城市的概况，道路的名称、旅游景点的位置、到哪里去乘什么车，一目了然。他陆续收集了十几个城市的地图，还常常拿出来浏览，回忆在那个城市度过的日子。

我跟爷爷一起看地图的时候，发现一个奇怪的现象，有的城市却不止一张地图，上海最多，大约有六七张。我问爷爷，为什么买这么多重复的地图？爷爷对我说："重复吗？你再仔细地看看，这些地图没有一张是相同的。"我又看了这些地图，果然，同一城市的几张地图都有一些差别。

爷爷说，地图的变化，可以看出一个城市的发展。我国正处在发展时期，日新月异的变化，如果过两三年，再到这些城市去，就会发现它们又变了。市区扩大，道路变宽，公交线路也延伸了。老的地图

落伍了，只好再买一张新地图。

爷爷的话，让我想起跟妈妈几次到上海的情景，每次都看到这个国际大都市的新变化。黄浦江上又架设了新桥，江底多了几条隧道，地铁也增加了新的线路……

无论哪个城市都是日新月异，无时无刻不发生巨大的变化。好啊！我们的祖国、我们的城市，明天一定会更加美好！

给我欢乐的精灵

周新一

我家门口的小院里居住着几只小麻雀，它们身披一件灰褐色的"蓑衣"，红红的嘴，金黄的爪，可漂亮了！传说中它们是犯了"天规"的小鸟，现在的大人们大多都不喜欢，而在我的心里，它们却是"歌星"，是在我孤独的时候给我欢乐的"精灵"。

记得那是去年初夏的一天，爸爸妈妈都出去办事了，我却还要独自留在家里苦练书法。那时的家里，特别的幽静，真是连掉一枚绣花针都听得见！我的心情非常郁闷，哪有心思去做妈妈安排的"工作"！我多么渴望窗外那灿烂的阳光、那茂密的树木、那芳香的小草啊！可我知道，今天是不行了，真的没趣，便开始打起盹儿来。

正当我昏沉沉准备去拜访"周公"时，"叽叽喳喳，叽叽喳……"一阵清脆悦耳的声音从窗外飘来，真是"此曲只应天上有，人间能得几回闻"！我好似"醍醐灌顶"，猛然睁开了眼，飞快跑到窗前。只见那碧绿的树梢上，三五只顽皮的小麻雀正在嬉戏、追逐、歌唱呢！"你们是在欢送春天离去吗，还是在欢迎夏天归来？"看着它们的欢乐，听着它们的歌谣，我入迷了！忽然间，我也仿佛变成了一只可爱的金丝雀，越过高山、跨过大海、穿过沙漠和高原，飞到了广袤的原始森林，和那儿的百灵鸟、夜莺、鹦鹉等伙伴们纵情歌唱、翩翩起舞……

"周周，你在干吗？发什么愣，还不快练字！"突然，门口传来一阵急促的问责声，是妈妈回来了。这时，我才从梦中惊醒，原来我是在听小麻雀歌唱，而不是变成了小麻雀在歌唱呢！

唉！还要练字！

当美与平凡相遇

　　平凡、朴素何尝不是一种美？美，不需过多的雕琢修饰，不用落日余晖的渲染，不用繁花似锦的点缀。洗尽心中的铅华，美，就在我们身边。

新年趣事——挖野菜

黄清远

明天，我家要请客人，奶奶准备挖一些野菜来做蛋饺招待客人，我也想亲身体验一下这"农家乐"，于是也向奶奶要了一把割刀。

到了菜地里，我东瞧瞧，西看看，绞尽脑汁也认不出哪种是野菜，还是奶奶懂我的心思，慢慢地教我辨别野菜和野草："茎细细的，叶子像鱼骨头似的，这就是野菜，知道了没？哦，对了，这种开花的也是野菜哦！"我瞧准了一棵野菜往下一割，第一刀不但没割到野菜，反而差一点儿割到手指，哎，真是倒霉透了。

嘿，我就不相信我征服不了这小小的不足十厘米的野菜，第二刀，我左手捏住野菜叶，右手握住锋利的割刀，对准野菜的根部轻轻用力一割，终于把这棵倔强的野菜给征服了。但是，我张开左手一看，这棵野菜全身散了架，叶子也七零八落的，我想：啊？这是我割的吗？我难道有这么"菜鸟"吗？真是搞不懂！

眼看奶奶的篮子快装满了，而我的篮子里却空空如也，什么也没有。我正在发愁，这时奶奶又看出了我的心思，就走过来手把手教我，我可是木瓜脑袋，怎么教也教不会。奶奶叹了口气说："唉，你还真是个小傻瓜，连这点儿本事也没有。"刚刚还兴致勃勃的我，听了奶奶的话心情一下子跌入了深谷。我想：我一定要学会割野菜，不

能让奶奶小看我。于是，我嘟囔着，不服气地对准了一棵小野菜……

"耶，我成功了！"我左手举着胜利的果实，右手不停地挥舞着手中的割刀大声喊着。

可是，"危险"正在慢慢地向我靠近，我想把一棵野菜的根也一起挖出来，结果挖到了一条蚯蚓，要知道我可是最怕蚯蚓了，吓得我立刻扔掉了手中的割刀，狼狈地"爬"回了家。

哈，这次挖野菜就告一个段落了，还想知道假期里我经历的趣事，就赶快来我家吧！

左手来比赛

翟世欢

童年总少不了游戏的陪伴，我也不例外。其中留给我印象最深的是"左手运动会"。

游戏开始了，老师首先叫每个同学拿出一支钢笔，用左手写几个字——"我是中国人，我爱中国！"同学们一听用左手写，立刻议论纷纷，七嘴八舌："左手怎么写？这种写法是不对的。"老师又说："我们不仅要用左手写字，还要用左手绘画、掰手腕、穿针引线，下面比赛开始。"这下，教室里可热闹了！同学们一个个笨手笨脚地忙乎起来……最倒霉的要算我的同桌了，好不容易画起来，又那么好看，可是不小心撕坏了。我看见了，哈哈大笑，没办法，他只得重画。

掰手腕比赛开始了。这下，男同学们别提多高兴了，站起来，举着手，大喊："我……我。"比赛时，我旁边的汤文汉的脸都涨红了，拼命要把对手打败。胜者欢蹦乱跳，输者垂头丧气。最有力的还算葛鸿源，谁也比不过他，他成了当之无愧的"腕力王"。

接着开始穿针引线。不同往常，这次轮到女同学发挥优势了。看，王嘉玲娴熟的动作，赢得同学们的阵阵掌声，也有的同学头上冒出了汗，有的同学瞪大了眼睛，可就是穿不起来，个个忙得疲惫不堪。最后王佳琳获得了"女当家"的称号。

最有趣的还算用左手夹豆子，我们组由于配合默契，速度快，得了第一名。其他三个组的同学气得直跺脚。最倒霉的还算李平杰，头上都急得冒汗了，可就是没能夹起一粒豆子。朱虹夹了一粒豆子，可滚下了地，害得她还要慢慢地用筷子夹起来，好不容易夹起来，可放错了碗，只好又从这个碗里夹到那个碗里，忙得她满脸通红。就这样，第三组落得个最后一名。

忽然，可恨的铃声响起来了，游戏结束了。可这有趣的左手运动会多么令人难忘啊。它也让我明白了熟能生巧的道理。左手和右手是相互离不开的，就像两个好朋友，需要互相理解、互相支持、共同进步！现在回想起当时的情景，还会让我笑得合不拢嘴呢！

圣洁的郁金香

李文清

　　大自然中有各式各样的花。我欣赏过雍容华贵的牡丹花，观赏过出淤泥而不染的莲花，看过十里飘香的桂花。可是我最喜欢的花却是美丽、圣洁的郁金香。

　　每年的4月是郁金香盛开的季节，我和妈妈都会来到洛阳市郁金香花园观赏她。一进花园，远远就能看到，成群结伴的郁金香开了，一片片粉红，一片片金黄，一片片淡紫，像天边五彩的云霞，好看极了。

　　走近了看，在一株一株郁金香的枝头，一朵朵娇艳艳的花儿纵情怒放，整朵花好像嫩得就要滴出水一样。在三五片宽带状的叶中央伸出亭亭玉立的花骨朵，花瓣重重叠叠，中间有着白色的花蕊，郁金香花一个个或如酒杯，或如尖荷地绽放着，清新雅丽，光彩照人。郁金香花色不仅缤纷而且每种都有个美妙动听的名字：像烈焰般炽热鲜红的叫斯巴达克，如黑夜般神秘幽深的叫夜皇后，白花镶有浅红花边的被誉为中国女子。

　　妈妈说，关于郁金香花还有一个动人的传说。相传在古欧洲时代，有一位美丽的少女，同时受到三位英俊骑士的爱慕追求，一位送她皇冠，一位送她宝剑，一位送她黄金。少女非常忧愁不知该如何抉择，只好向花神求助。花神于是把她化成一株郁金香，皇冠变成花蕾，宝剑变成叶子，黄金也变成了球根，就这样她同时接受了三位骑士的爱情，而郁金香也成为爱的化身。

郁金香是那么的高雅，那么的庄重，它是爱的化身，是成功的象征，是花的骄傲，我喜欢郁金香，更喜欢培植郁金香的人们！

家乡的小河

孙　旭

在我的家乡有一条小河，一年四季都在静静地流淌，哺育着两岸的乡亲，在我的心里她是那么的美丽，令人神往。

春天，是万物复苏的季节，小河也从酣睡中睁开了惺忪的睡眼。河水开始渐渐解冻。此时，倚树倾听，河水击打冰层的声音如同走马摇铃那样清脆悦耳，随着冰层的解冻，鱼儿也变得活泼了，互相追逐、嬉戏，多么顽皮天真，它们为平静的小河增添了几分生气。在河两岸，一排排垂柳长出嫩绿的枝芽。布谷鸟喜鹊在枝头跳跃，唱着婉转动听的歌儿。柳树的枝条伸进解冻的小河里，好似在跟小河握手，微风拂过，河面上泛起了碧波，映在河里的景色也随着水波颤动了起来，河边优美的景色让小河在春光里变得更加明媚起来。

夏天，是我们孩子尽情欢乐的季节。一到暑假，我便和几个要好的朋友来到小河边，带上钓鱼的工具一起钓鱼和捉虾，看着那一条条被拉出水面活蹦乱跳的鱼儿，我心里别提有多高兴了。玩得兴起，

便脱去衣服跳到水中化身为一条活跃的泥鳅。运气好碰到有空闲的小船，还可以几个人划上小船在河中游荡，烈日下，浑身汗水，迎面风儿吹过，喝口随身的凉茶，十分惬意。

秋天，岸上的冬小麦绿绿的，河内芦苇根根白发，蓬松的绒毛在风中摇动。风儿无情地吹着，银白色的芦苇飘来摆去。河沿上的法国梧桐树也渐渐枯黄，一片片叶子落在了河里，鱼儿游过来躲在叶子下面和同伴们捉迷藏。树下的草地也像铺了一条硕大的黄色地毯，十分美丽。

冬天，寒流是一个魔术师，它一来，昼夜之间气温降低了。万物凋零，鱼儿们躲到了水底，鸟儿们也飞到了南方。在天最冷的时候，小河里的水会结成厚厚的冰，河面上就成了我们游乐的天地，换上溜冰鞋在冰面上自由地滑行。

小河四季的景色都很优美，我喜欢家乡的小河。

盗版圣诞节

钱永康

说起圣诞节，我们立马想到了可爱的圣诞老人和精美的圣诞礼物，对不对？那就先来考考你，答对了我就送你一份圣诞礼物，可好啊？你知道圣诞节的来历吗？圣诞老人的原型是哪位善心大使呢？嘿嘿，不知道了吧？告诉你，我也是刚知道这些关于圣诞节的小知识和小故事，这不拿来现学现卖了。

原来啊，这个节日是西方人为了纪念上帝的儿子耶稣诞生而流传开来的，现已成为西方很多国家最隆重的节日了，就像是我们中国人过年一样。而圣诞老人的真名叫圣·尼古拉，关于他的传说可神奇了。今天邵老师不仅给我们讲了好多关于圣诞节的故事，还要给我们过一个稍稍走样的圣诞节呢！为什么是走样的呢？因为我们把"圣诞"写成了盗版的"生蛋"了。于是这个节日就变得与众不同、别具一格了。快来看，我们如何"生蛋"吧！

活动的主要内容是：画彩蛋送祝福。活动前，我们把教室精心装饰成"圣诞空间"，同学和老师都戴上了可爱的圣诞帽。我们都按老师的要求煮好了四个鸡蛋。然后老师还给我们看了一段有趣的动画片，让我们向小兔子们学习做彩蛋的步骤，而小兔们做彩蛋既有创意又搞笑，把我们给逗得乐翻了天。接着老师让我们先设计彩蛋，等我们把做法熟记于心后老师才让我们正式开工画彩蛋。

瞧，我们个个大展拳脚，教室俨然成了"制蛋作坊"。那些蛋在我们的手中一个个穿了的花花绿绿的衣服。金梦怡等几位女同学画得又细致又精致，同学们不得不啧啧称赞！也有调皮的：有些同学把颜料弄得脸上都色彩斑斓了，还美其名曰"人体彩绘"；还有几位"大侠"画着画着，蛋蛋都不见了，究其所踪——入了口，下了肚！嘿嘿，老师也戴着圣诞帽和我们一起画彩蛋、合影，像个"老顽童"。

我呢，把蛋蛋画成了一个"超人"，可是在画眼睛时用力过猛，把蛋壳给戳破了，这下好了，我原本给自己封的"画蛋小专家"的称号算是毁于这节骨眼儿上了，唉！等我缓过神来向四下里一看，哟，大伙都"生"了不少彩蛋了！

今天的圣诞节虽然跟西方的圣诞节不同，有些盗版了，不过我们通过本次活动长了知识，而且感受了那种圣诞气氛，也不错哦！晚上我还做了个梦，梦见我和圣诞老人一起去各个小朋友家送礼物呢！

第一次"受贿"

岑盈蒙

"岑盈蒙，我们的奥数组长大人，快过来一下！"一下课，宣文涛就把我拉到了一个僻静的地方。

"什么事啊？搞得这么神秘！"我不解地责怪道。

"瞧！这是什么？"他忽然从口袋里掏出一支水笔。呀！是那支我渴望了好久的水笔。它可真漂亮：粉红色的笔杆上绘着几只可爱的史努比，笔杆的一头还挂着一只小史努比。这支笔，我几个星期前就想买了，可一直没钱买。

"怎么？给我的？"我惊讶极了。

"当然了，组长大人。"他笑道，"但是……"

我疑惑地望了望他。他鬼头鬼脑地看了看四周，把嘴凑近了我的耳朵："王一铭约我去玩。明天的作文，还得求你网开一面啊！"

"什么？"我看了看手中的水笔，总算明白了过来，原来如此！"不行，这不成受贿了吗？这支笔我不要了。"我把手中的笔又塞给了宣文涛。

"你，你……"宣文涛望了望周围，压低了嗓门儿，"你可别忘了上回投票选举小组长，你可是以一票险胜。下个星期又要改选了，要是我和王一铭改选别人，那你的小组长……"

我一下子愣住了，这……这不是威胁我吗？怎么办呢？水笔事小，可真要是我的小组长职位被罢免了，那该多难为情啊！可要是被老师发现了……唉！我该怎么办呢？

宣文涛见我半天不作声，得意地笑了，把笔往我手中一塞："谢谢组长大人。王一铭还在等着我呢！我先走了。"说完，就跑着追王一铭去了。

"我该怎么办呢？"我低头看着那支水笔，上面的史努比好像在对我冷笑。我突然一下子觉得自己成了一个"贪官"。我站在教室的被告席上，前面摆着罪证——水笔，老师正读着判决书，同学们在下面指指点点："瞧！岑盈蒙是一个贪官！她受贿！"

"不成，我可是最讨厌贪官的，我不能贪小便宜！再说这也是害了他们呀！可是，我的小组长……算了吧，无官一身轻嘛！管他呢！史努比，我们只能说再见了！"想到这里，我忽然觉得浑身轻松了许多。

"喂！宣文涛，你的笔！"我连忙喊着，向宣文涛追去……

自习课众生相

王子凯

想必各位同学都经历过老师有事外出让我们自习这样的事吧。班里总有几个偶像级的人物，不论老师在与不在，都是一个样。大部分的同学一定和我一样暗暗窃喜、跃跃欲试，随时准备开展各自的活

动。现在就让我们来看看603班的同学是怎么上自习课的吧!

超凡"地下党"

我们班有二分之一的同学属于"地下党"——讲悄悄话——既可以满足自己小小的愿望,也很安全。老师突然"杀"回来,也可以装作在认真做作业的样子,安全系数五颗星。

我也是"地下党"中的一员,常趁老师不在时和好友讲话。我从草稿本上撕下一张纸,右手边放了一本比较大的作业本,把纸放在作业本下面。时机成熟时,我就在纸上写下我要讲的话,并折成纸飞机,然后对小徐眨眨眼睛,扔给他。就这样,我们趁对方"写信"的时候做完了作业,同时也满足了自己的心愿,真是一举两得啊!

最隐秘的"地下党"莫过于小符和小蒋这对同桌了。她们经常以问作业为由和对方讲悄悄话。在讲话前,她们其中的一个会对另一个说:"这道题怎么做?"说完后就可以顺理成章地开始讲悄悄话了。就算被老师看到也不怕,就说是在讨论作业。

091

精英"哨兵连"

谈到"地下党",就不得不说一说和"地下党"关系良好的"哨兵连"了!"地下党"敢在自习课上进行"工作",和"哨兵连"密不可分。"哨兵连"中的人专门跑到窗口为我们"放风",老师来了,"哨兵"就会提醒我们不要再讲话了。"哨兵"们工作很有秩序,每五分钟看一次,每十分钟换一次班,保证我们大家都能"安心"地讲话。最好的"哨兵"非小睿莫属,他的座位离窗口很近,只隔了一条过道。轮到他执行"任务"时,他熟练地跑到窗台前,只露出一双眼睛东张西望,十分负责。他多次成功发现老师的行踪,为我

们能"安心"讲话立下了汗马功劳。

狂野"孙行者"

介绍了前面两个比较安分的"门派"后，现在来说说不安分的"孙行者"派。在这个派系里的都是些爱吵爱闹的"熊孩子"，个个天不怕地不怕。他们不像"地下党"那样隐秘地讲话，他们大张旗鼓，声音绝不低于60分贝，而且还有一个后遗症——讲完话后会满脸笑容，经常被老师逮个正着。

自习课是检验学习自觉性的最好时机。老师常说"学习是为了自己，不是为了老师""要学会管理自己，安排好自己的学习"。可是，真正能做到的同学少之又少。603班的同学们，我们还要一起努力！

"女汉子"自传

蒋曼谷

谁说女子不如男？在历史的长河中，武则天可以当皇帝，李清照是女词人，花木兰还可以代父从军呢！而我就是一位名副其实的女汉子——蒋曼谷是也！

女汉子修炼篇

"女汉子"是从小就培养的。打小我就非常喜欢看武打片、战争片，并且会学着电视上的样子，"哼哼哈嘿"地模仿一番。爸爸妈妈每每看到，总会叹息："我家闺女咋就不像一个女孩子呢？"不仅如此，我还喜欢听刘欢的《好汉歌》，那节奏多有气势啊，我真想拿着麦克风，跟刘欢一样在台上尽情歌唱！

走进我家，映入眼帘的是玩具世界，有水枪、木枪、玩具刀、弓箭等，可唯独找不到布娃娃。从小到大，我几乎没有抱过洋娃娃。每次去逛精品店，女生玩具直接忽略，这让导购很是不解。看着导购那疑惑的眼神，我报以淡定的微笑。

记得从上幼儿园开始，很多女同学都喜欢穿花花绿绿的裙子、五彩斑斓的鞋子，扎着各式各样的发饰。而我从不羡慕她们，总喜欢穿单调的衬衫，一条朴素的七分裤，一双平凡的运动鞋，扎着一根马尾辫。妈妈总爱开玩笑："你这'女汉子'绰号到底要叫到什么时候啊？"

女汉子实战篇

随着时间的流逝，我渐渐长大了，现在已是一个十二岁的小姑娘了，可是"女汉子"的绰号还没换掉。到了这个阶段，总要学一些才艺的，所以妈妈就留意着各种兴趣班的招生广告。一天，正当妈妈准备瞒着我报拉丁舞兴趣班的时候，不料被我看穿。在我的软磨硬泡下，老妈终于答应给我报吉他班和跆拳道，可这时，爸爸却强烈反对，说这些都是男孩子学的，女孩子不学跳舞学什么？看到一家之主发话了，我只好装作生病的样子，整天无精打采，一副病恹恹的模样。爸爸妈妈怕我出事，最后还是依了我。

还有一次，一位不速之客——大蟑螂悄悄爬进了我们教室。同学们一窝蜂地过去围观，一些胆小的女生害怕得叫了起来，眼巴巴地望着旁边的男生：你们男生胆儿肥，快把蟑螂轰走吧！可是男生们都不约而同地摇了摇头，面面相觑。这时候，作为"女汉子"的我挺身而出，脱下网球鞋，"啪——啪——"两声，蟑螂顿时被我拍得扁扁的，身后传来一阵掌声。

这就是我，一个敢作敢当的"女汉子"。我想，"女汉子"这个绰号将会一直陪伴我的漫漫人生路。

幸福是什么

赵楚君

小时候经常自问幸福是什么，直到如今也没有找到一个满意的答案，但我明白，每个人对幸福都有着不同诠释。

碧波荡漾的小河中，鱼虾浅游嬉戏，不时地探出头来观望着陆地上的世界。我想，它们的幸福便是在小河中吃饱喝足后悠闲地打量外界的趣事吧。

郁郁葱葱的山林中，鸟儿欢快地歌唱，悦耳的歌声在林间久久回荡，百鸟争鸣，谱写出了一曲"此曲只应天上有，人间能得几回闻"的乐章。我想，它们的幸福便是引吭高歌吧。

晴空万里的蓝天，零星的几朵云彩漫无目的地飘荡，它们驾着风

船，使着风舵，无忧无虑，懒懒地晒着太阳，不时舒适地翻个身，变个姿势。我想，它们的幸福便是天下之大任我游的态度吧。

我的幸福呢？她并不严厉，她只带给我温暖的呵护；她并不平庸，她只带给我伟大的人生；她不是指路的明灯，但她却亲自引我走出困境；她不是如山的父爱，但她却如涓涓细流，不停地滋润着我的心灵！母爱——我的幸福。

母爱如水。我忘不了母亲指甲中的泥土，忘不了母亲手掌上的裂痕，忘不了母亲满是皱纹的脸庞与那起早贪黑的背影，岁月的蹉跎已将母亲硬直的身躯缓缓压垮，每每想起不禁潸然泪下。母爱的无微不至深深地刻在了我的胸膛、我的心上。大爱无言，那母爱呢？母爱应是超越了时间、空间的极致，我深信，你走得有多远，母爱就会陪你走多远。

母爱如水。可知否，春日的鸟语花香母亲来不及欣赏，忙碌着给你缝制新衣；可知否，夏日的炎炎烈日下母亲来不及休息，给你送来一杯凉茶；可知否，秋日的天高气爽，母亲来不及收割麦田，再三叮咛你天凉多穿些衣裳；又可知否，冬日的北风怒号雪飞千里，那雪中伫立久久等待的是母亲的身影！

母爱带给我的幸福让我久久不能自拔，如水的温柔，如水的无孔不入。"谁言寸草心，报得三春晖"啊！我不禁感叹一声。

母爱，我没有能力回报，只有细细地品味着、感受着，让这种幸福感铭记我心，给我学习的动力，待来时，我也会带给母亲幸福，因为我而幸福！

风轻起，绿柳扬，我独自坐着，去感受这幸福，源于母亲的幸福。

帮奶奶熬甜药

周锐成

奶奶身体不好，今天爸爸妈妈不在家，谁给奶奶熬药呢？回想起平时大人们熬药的过程，我决定试着帮奶奶熬药。

我拿出药品和说明书，先将说明书看了一遍，了解了大概后，把药倒入瓷罐中，加入适当的水，合上盖子，用文火慢慢煎熬。没过多久，盖子上的三个小孔纷纷冒出团团白雾，似农家的袅袅炊烟，如梦里的调皮精灵。我端了把椅子，坐了下来，痴痴地望着。

渐渐地，白烟簇拥着腾跃而出，越来越迅速了，转瞬间从仿佛白茫茫的晨雾变成了火箭尾部喷出的气体。盖子如同一个调皮的小宝宝，"扑通、扑通"腾跃着，我似乎听见了蒸汽娃娃在抗议："熄火，快点儿熄火，热死了，热死了。"

我猛然惊醒，赶紧把火熄灭了。那从小孔钻出的白烟已经没有了踪影，而罐子与盖子之间的细缝里竟然探出了几个"小脑袋"，伸了伸脖子，扭了扭腰，又忽然躲藏起来。眨眼间，竟然变成了薄薄的轻纱，成了奶奶幸福的微笑……

沉醉未久，我轻轻地揭开了盖子，一颗颗晶莹剔透的小水珠滚落而下，滑到了我的手心。

我赶紧拿来一条小毛巾，端起药罐将药汤缓缓倒进碗里，蹑手蹑脚地走进了奶奶的房间，小心翼翼地放到床头的椅子上，轻轻地喊道："奶奶，药熬好了，快起来喝吧！"我一边给奶奶捶背，一边调皮地问："奶奶，我煎的药还行吧？"奶奶幸福地笑了，说："这苦药都被你煎甜了！"

小园香径独徘徊

周子琪

做一棵昂首站立的小树，每天不停地向上生长，思考感悟。生活中也有各种各样的知识和道理，就看你有没有一双善于发现善于观察的眼睛。所以，在我们的生活中，看到很多现象时，请一定要问个"为什么"。这样，你就会多学习到一些知识，多认识到一些道理。成长中的许多故事会给我们留下深刻的记忆，让我们怀想、思考。这些都是你每天成长的印迹。故事不分长短，其中蕴含的都是人类共通的道理。请记录下那些思考和感悟，请成长为一棵爱思考的小树吧。

这几日，正在学关于春天的诗，倚着窗，缕缕微风拂面而来。哦，还带着几许寒意。正应了那句诗——吹面不寒杨柳风。我嗅到了浓郁的春的气息，该出去与春叙叙旧了。

骑着自行车，带着相机，在小区里寻寻觅觅。我想，寻几种花朵，用相机记录春天的印迹，是再好不过的吧。车轮"咿呀咿呀"地转，目光急切地寻，花儿就在不远处。

在一栋楼前的草坪边，有一簇开得欣欣然的花映入了眼帘。明黄色的花，浅绿色的叶，仿佛在向我微笑，静若古代亭亭玉立的闺秀，

风从它的身边拂过，它好像害羞似的怯怯地低下了头。这油菜花，不知是怎么在这儿安家落户的，开得竟那样不拘一格。我能感到它的孤单，也能感到它的傲然。

在草坪里，给我惊喜的是蒲公英花，金色的小花盘，很有活力。看见它，总觉得有淡淡的亲切，好像回到了童年，回到了幼稚的傻乎乎的小屁孩儿时代，对着蒲公英的花吹呀吹。看花儿纹丝不动，对妈妈叫着喊着，为什么不像书里的那样——"飞啊飞啊"？如今，真怀念小时候傻里傻气的我，怀念自由自在的午后，吹蒲公英花的点点滴滴。感谢这个春意盎然的下午，再次与蒲公英重逢。如果可以，我愿做一个小小的永远长不大的孩子。

我错过了白玉兰，那个我曾经为之惊叹的花儿——先开花后长叶。它枯萎了，花瓣儿洒落满地，只剩下寂寥的几朵留在树上。捡起一片花瓣儿，轻轻嗅了嗅，我闻到了那久违的一缕香。花瓣很有质感，厚厚实实，甚至可以抚摸到它的纹理。近乎光秃秃的枝干像耄耋老人枯瘦的手，新发的嫩绿的小叶芽儿固然也美丽，却显出无限的落寞，失了花的叶子，再富有生机也还是缺了必不可少的一抹绚丽。

行车，寻觅，拐角，一大片樱花树迎面出现。满树淡粉的花儿与油绿的叶子，最美的是那玫红色的花苞，特别像一个个小樱桃呢。铺天盖地的满是粉红、玫红、碧绿，看得我不禁醉了。樱花的花语是幸福，站在樱花树下静静地闭上眼，感觉这美丽，也是一种幸福吧！靠在树的枝干上，我仿佛感受到《山中访友》中所描述的，与它心意相通了。周围杂乱的声音仿佛渐渐消失，我已经隔世离空，与树一起沉默……沉醉……心愈发平静了，想起了于丹的一句话："宁静是一种生产力，一个人能够平心静气，就能够获得一种智慧的能量，提高生命的质量和效率。"呵呵，我越来越享受这份淡然了。

小园香径独徘徊。寻觅的是春天，寻找的是记忆，而寻得的是感动和宁静，真好！

奶奶走在月光下

李辰喆

似水的年华，有太多的往事，就像田野中飞扬的蒲公英，闪出最耀眼的光芒……追忆着那些回忆，追忆着那沉睡在心底最甜美的感动……

那年3月，桃花盛开，我走进奶奶的桃园，随手摘下几朵粉红色的桃花赏起来。桃园虽然不大，但我很喜欢，嘴里哼着几首儿歌，又蹦又跳地跑到奶奶面前，大声喊："奶奶，这桃花真漂亮！"奶奶回过头，笑着抚摸我的头说："是啊。"

小时无知的我总是流连于那桃园，经常到处乱跑，在那十几棵桃树下嬉戏，一玩就到傍晚。等到奶奶叫我时，我就偷偷躲起来，一直到奶奶找不着、叫累了，我才偷偷溜到她身边一下子跃出来。奶奶每次都被我吓一跳，然后抱着我亲切地说："走，我们回家吃饭。"

夜晚，我和奶奶一起在月光下赏月，她给我讲那些动人的神话，牛郎织女、玉兔捣药、嫦娥奔月……每天都是那么的快乐啊！

可今天，奶奶生病了，我只能独自赏月，一阵风来，无数的花瓣轻轻摇曳，承载着我的思念。追忆那3月，在桃花下赏月是那粉红的梦，点燃了天边的绮丽。是那3月的桃花，让我渴望童话里的缠绵，思念如同芳草，一点点成长……

抬头，隐约看见一个矮小的身影，步伐缓慢，一步一步地朝我走来，难道那是奶奶？

近了，近了，真是奶奶，我急忙跑过去，看着奶奶那苍老的面孔，我哭了……

奶奶见了，笑着说："乖孙儿，我来了，我知道你在这儿！"我望着奶奶盛满爱的眼睛，湿润了眼眶……

那夜，月色很美，月亮洒下淡淡的光晕，树也像喝了惬意的月光酒，将自己的影子倒映在墙上，在微风中微微摇摆着。

门前的小河里，萤火虫飞来飞去，时而为芦苇点亮一盏灯，时而为柳树做一个发卡……一切都是那么的静谧，只是偶尔会传来几声蛙鸣。

无论何时，无论何地，只要忆及那淡淡月光下的身影，我的心境与梦境立刻变得有声有色。

当美与平凡相遇

沈佳莹

平凡、朴素何尝不是一种美？美，不需过多的雕琢修饰，不用落日余晖的渲染，不用繁花似锦的点缀。洗尽心中的铅华，美，就在我们身边。

一

上学的小径上，春雨蒙蒙，枝头嫩芽吐绿，山涧鸟鸣啁啾。而最不经意的一瞥，让我发现了再平凡不过的美。河滨的草坪间，潮湿的泥土中探出了一抹新绿。仔细一看，一株株刚长出茎的三叶草挤挤挨挨的，热闹地在说着什么，三叶草的叶片上流转着露珠片刻的温存，晶莹剔透，流动着一股清新灵动的绿。它们随处可见，平凡地被埋没在繁花之中，但相比花朵的争奇斗艳，它们却多了一份安于世俗的淡泊与宁静。

二

路旁，有一家刀削面馆，蒸腾而起的热气，忙碌的身影，好吃的味道，使我成了那里的老主顾。每当夜幕降临，老板便低头开始工作，他虽普普通通，眉宇间却散发着一股豪爽和忠厚。

我要了一碗刀削面，只见他拿起雪白的面团，几经揉和，再拿出一块弧形铁片，手指迅速地舞动着，削出的面条粗细均匀，长短大致相同，"听话"地接连跳入滚烫的大锅中。他削的动作干净轻快，粗犷中带着细腻，仿佛让我看到了安塞腰鼓的独特壮美和竹林小调的悠扬平和。

不久，一碗热气腾腾的刀削面端上来了。偏棕黄的牛肉汤中，飘着新鲜翠绿的蔬菜和足量的牛肉，不禁使我胃口大开，吃完后仍觉意犹未尽。每当有人夸他手艺好时，他总是憨憨地笑，散发出一种不加修饰的淳朴的美。

三

清晨，从朦胧的睡梦中醒来。楼下的环卫工人不知何时已开始了工作。伴随着一声声有节奏的声音，地上的落叶、尘土被一点点地扫拢。仔细看时，我却发现，环卫工的脸上竟带着些许笑意。他手中的扫帚，似乎在清扫大地的同时演奏着动人的音符，那一声声"唰啦"，带着枯叶"化作春泥更护花"的愿望，简单朴素，却仍拿着生活的画笔舞动热切的愿望。

平凡、朴素是一种美，当美与平凡相遇，会在你不知不觉中，悄然绽放出绝美的花朵，裹挟着所有身在其中的灵魂，不断地丰润、滋养着它们的内核。

外婆家的小院儿

林雨欣

小时候的我在外婆家的小院儿里长大，觉得小院儿就是我的全世界，那儿承载着我最初的快乐与幸福。

外婆家的小院儿里有一小块地，外公就种些土豆、洋葱、西红柿，淘气的我总会把它们连根挖起来，扔在地上。外公也不恼，他会把我的"战利品"小心翼翼地拾起，重新栽回去。如此几遍后，植物可都吃不消了，成熟时总是"瘦"掉一圈。

在那块小田地旁，有个鸡窝，那里养着很多鸡，让我从没闲下来的时候。母鸡下蛋时，我总会"插"上一手，令鸡妈妈无比愤怒，疯狂地追我。有时候它追上了我，狠狠啄我一口，我却因兴奋忘却了那小小的痛意，惹得那老母鸡更加"怒火中烧"，和我来了几局"捉迷藏"。这时，外婆总会把我拦住，来个几十分钟的心理教育，把我治得服服帖帖的。可好了伤疤忘了疼，我总会有下一次，那种偷袭成功的快乐，也只有童年才会拥有吧。

小院儿里摆着一张躺椅，盛夏时候，外婆外公拿出几把小板凳，坐在月下，给我讲牛郎织女的故事，讲到两人分离时的情景，我会为他们叹息，追问结局后，我又会为他们高兴。我常常歪着脑袋想象，在我的无限遐想中，孟姜女、白素贞仿佛就站在我面前。外婆还给我讲她年轻时的故事——村里村外的，自己的别人的。我常常没听完一个故事就困了，在躺椅上沉沉睡去。外婆就会轻轻地摇动躺椅，扇动蒲扇为我驱热驱蚊，让我安稳入睡。

时间忽地过了，小院儿还恍若当初，我长大了，外婆外公却老了。我能抓住的，只有那些旧照片，它们就像我的另一双眼睛，记录着我逝去的小院儿里的童年。噢不，我还能抓住，抓住现在一家人团聚的美好时光，然后好好珍惜。

陪伴爷爷

罗红霞

　　爷爷是名普通的渔民。"嘿哟！又来了一条大鱼！"爷爷喊道。这时，我就会在船上又蹦又跳。

　　爷爷瘦瘦的脸，胡子垂满了下巴。他粗糙的大手牵着我去放羊，总是摸着胡子给我讲故事，一笑起来连烟斗也拿不住，总挂着慈祥的笑容回答我幼稚的问题。

　　老家临河，船是必不可少的交通工具。爷爷划船，我赏景。湖水悠悠，青山连绵，天空湛蓝。深呼吸一口，空气中夹杂着"水木"之味。船儿似摇篮，荡在水中，一晃一晃的，可舒服了！我陶醉在这里，闭上眼就进入了梦乡……

　　"爷爷，你要到哪里去？"我问。"嗯，出去转转，你去不？"说罢，爷爷便牵着我的小手走在家乡的小径上。一路走来，路两边长着绿油油的野草，素雅的小花，白的紫的，星星点点地缀满绿草地。歇息的小鸟听见我们的脚步声，忽地飞走，在空中划出一道弧线，响亮的鸣叫声仍荡在林子里。这一切多么有趣！每每走过邻居家，邻居们都会笑着说："你家孙女儿快变成你的小尾巴了！"爷爷笑了笑，说："她呀，就是这样。"一路上，花儿陪我们笑，白云陪我们说话，小鸟陪我们唱歌……忽然，爷爷说："等爷爷走了，你可就不好

玩了。"那时的我不懂，沉默了。夕阳西下，落日的余晖洒满了我们全身，我和爷爷大手牵小手，沐浴在金黄的光辉中，缓缓向远处走去。

时间过得真快，我要回县城了，与爷爷匆匆别离……

长大的我，明白了一个道理：别爱得太迟。我对爷爷爱得太迟吗？不！我要多陪陪爷爷，小时候他给我讲故事，现在我要给他讲故事！

一 米 阳 光

熊宇凡

世界上有一种最美丽的阳光，它一直跟随着我，陪伴着我，荡漾在我身边……

最近，连续阴雨天，作业繁重，我整个人就像下雨前飘过灰色乌云的天空，心情沉闷无比。

今天好不容易放晴了，我跑出去晒晒太阳，晒晒心情，感受阳光的温暖。

晚上，钻进被窝，一股幽幽的香味将我包裹起来，好暖和，这是什么味道？我立刻开启全部感官，啊！是久违的阳光的香味。可是，冬天卧室里根本就晒不到太阳啊。我起身到妈妈的卧室，摸了摸她的被子，潮湿冰冷，奇怪！我赶紧询问妈妈，可妈妈却神秘地笑而不答。

星期六的下午，妈妈加班去了，我来到书房写作业。书房右边的沙发上正摊着我的棉被。不知不觉一个小时过去了，忽然，一道刺眼的白光从窗户射了进来，我揉了揉眼睛，抬头一看，啊！一缕阳光！它正透过墙的夹角折射了进来，照射在沙发上摊着的棉被上。阳光就像一双温暖的手，轻轻地在棉被上抚摸着。照进窗内的阳光，只有短短的一米，却温暖着我的心。

原来，这就是棉被中阳光的秘密。原来，忙碌的妈妈总是利用这一缕阳光温暖着我。

妈妈永远都是我的阳光地带。只有在这儿，我才能闻到纯正的阳光的味道，才能闻到爱的味道。谜团彻底解开了，我的眼睛也湿润了。我快步跑入妈妈的房间，抱起她冰凉的被子走进书房，今晚，也让阳光的香味陪伴着妈妈入眠吧！

夜，已经睡了；爱，却醒着。

"拯救"老爸

徐　诺

前几天，爸爸感冒了，每天晚上要我提醒他吃药。

星期四的晚上，我匆匆忙忙跑进书房开始写作业，因为今天我们要写一篇作文，作业很多……终于，我不懈努力，奋笔疾书，完成了所有的作业，然后风风火火地洗了澡，便钻进了暖和的被窝里，准备开始与周公约会。这时，我一眼看见了床头柜上的药瓶，刹那间想

起了还有一项重要任务——提醒老爸吃药。于是我赶紧下了床打开房门，跑进爸妈的房间。他们早已进入梦乡，我摇醒了妈妈。妈妈慌忙大叫："怎么了？怎么了？有小偷？""不是，不是！今天老爸没吃药，我这不是喊他来了！"我一边解释一边推着老爸庞大的身躯："爸爸，起来吃药了……"

可是我用尽气力，老爸就像昏死了过去一样毫无反应。没办法，我只好使出我平时的惯招——挠痒痒。我把手放在老爸的脖子旁挠来挠去，没想到睡着的爸爸竟然不怕痒了，无论我怎么折腾，他都纹丝不动。看来只能掀被子了。我使出吃奶的劲儿掀开了被子，老爸的身体终于松动了，他闭着眼睛用手把被子又拽了回去，然后继续呼呼大睡起来。我一连掀了三次，老爸都这样。

"老虎不发威你把我当病猫！"我压住心里的怒火，拿出了撒手锏——我清清嗓子做好准备，然后大喊一声："老妈，你哪儿来的'软中华'呀？"话音还未落，爸爸突然一个鲤鱼打挺，坐起来了，欣喜若狂地看着我说："哪里有烟？"当他看到我两手空空时，便扫兴地说："哟！骗人，我睡觉了。"于是又倒下了。哼！敬酒不吃吃罚酒，我很是气愤，便使出全身的劲，抱紧被子，不让他睡。爸爸这才无奈地点了点头："好，好，我投降，我吃！"我放松了警惕，刚松开被子，老爸便以迅雷不及掩耳之势，又钻进了被窝。我气得把药一扔，撂下一句："你不吃药可以，我今天也不睡觉了。马上去看电视，明天早上睡到自然醒，不去上学了。"说完也不睬他，故意将脚步跺得很响地来到客厅。老爸见我来真格的了，立刻坐了起来："好，好，宝贝你赶快去睡觉，我这就吃。"说着，便拿起床头柜上的感冒药就着温开水喝了下去。

我这才很有成就感地笑了："拯救老爸成功，赶紧睡觉！"

107

乡村夜唱

林紫欣

喝醉酒的夕阳把云朵染成了一张张大红脸，大地也变得金灿灿了，乡村夜唱就此开场了。

妈妈把鸡鸭从鸡笼、鸭圈里放出来，它们就像获释的囚犯，迫不及待地冲到门前的草地上，放开歌喉。母鸡高兴地伸伸腿，"咯咯"地招呼着儿女们；骄傲的雄鸡昂着头，一边踱着方步，一边喔喔地引吭高歌；美丽的大白鸭伸伸脖颈，兴奋地拍动着翅膀，"嘎嘎"地叫着，像在自娱自乐；狗也来大显身手，"汪汪"叫个不停。母鸡赶紧带着儿女们躲开了，大白鸭也到一旁戏水了。

这一幕刚刚落下，另一幕大戏又开演了。归巢的鸟儿不愿放过表现自己的机会，它们也跟着起劲。房前屋后，树上、电线上，鸟儿在尽情演奏，这边叽叽，那边喳喳……腔调各异。你瞧，一只画眉鸟飞进了树丛，站在一根小枝上，兴奋地叫着，那歌声真好听。

听，圈里的猪儿不甘示弱，也来凑热闹，"哼哼"地拱起架来，像在催促主人快来喂食呢。

夜幕悄悄地降临了，不远处的稻田里、菜地上、草丛中，青蛙大哥用雄浑的男高音"呱呱"地唱着。也许它们要唱到收获的季节，与农民伯伯同乐呢！

鸡鸭归巢了，小鸟偶尔扑闹几声，但乡村夜唱的大幕刚刚开启。草丛中，虫儿们正在开演唱会呢：蝉儿倚在大树上，"知了知了"叫个不停。萤火虫提着小灯笼，为演唱会增加了灯光效应。蛐蛐与蝈蝈正在比赛着谁唱得更动听。这赛过催眠曲的歌声，让那些辛苦了一天的人们，甜甜蜜蜜地进入了梦乡。

　　虫儿们是唱得欢了，却惹恼了那些狗儿们。"汪汪！别唱了，别唱了，太闹了！"狗儿们仿佛在抗议着，真是有趣啊！

　　我喜欢乡村夜唱。

一只麻雀的葬礼

余　清

　　空气中弥漫着浓浓的辛辣味，在蔬菜清新气味的层层包裹下，愈加浓烈。今天是立春，家乡要做酸菜，用干脆爽口的麻辣味道来迎接立春，预示着喜庆的一年。如此喜庆热烈的场面，令门外的春光显得更加灿烂：几只活泼伶俐的麻雀立于枝头，叽叽喳喳地雀跃着。我不禁触景生情。

　　那年春天我还很小，当时家里飞来了一只麻雀。出于好奇，我费尽千辛万苦捕到了这只麻雀。当时我不懂得生命的非凡意义，把它抓在手中，只知道自己的快乐，却疏忽了麻雀的痛苦。

　　它面部扭曲地惨叫着。我一遍一遍梳理着它柔软的毛发，以为它会就此平息下情绪，对我不再抱有警戒之心，能够开心起来。但事与愿违，当我情不自禁地靠近它时，它却突然用尖尖的小嘴狠狠地啄了我。我记得当时我很生气，紧紧地捏住了它。它一定感受到了那种窒息的痛苦。随后，我生气地把它扔进了牢笼。过了一会儿，乐天派的我早忘了这些不痛快，但还是一如既往地照料着它。尽管家里人一遍遍地告诫我："麻雀是养不活的。"但是我还是要养，非常倔强。可事情还是糟糕到无法预料，在某一天的中午，它失去了生气。我无法确定它是否已经死亡，可是我知道，它小小的心脏，已由原先地快速蹦跳，变成了现在的一无声息。年幼的我伤心地哭了。可是我甚至找不到一个哭的理由——我已经尽全力养它了，可它还是死了。家里人让我把它丢掉，我不肯，但又怕会受到责骂，于是我悄悄把它安放在了一个小盒子里，然后上了锁，像是锁住了幼时的无知，锁住了年少的懵懂。

后来，那个盒子还是被妈妈和奶奶发现了。麻雀已经有些腐臭，我没忍心去看，倒是被妈妈和奶奶骂了一顿。

这场葬礼办得异常简单，却对我的童年产生了极大的影响。我知道，我束缚的不仅是它，还有它的自由。如果不是我，它现在一定可以在蓝天自由飞翔，谁也无法禁锢它。

现在，我看着跃在枝头的麻雀，看着肆意的春光，感觉真好。

"牛犊"战"老姜"

黄索群

　　"姜还是老的辣！"每次"开战"前，爷爷总爱唠叨这句话。"初生牛犊不怕虎！"这时，我准会立马接上一句。哈哈，我和爷爷都爱下军棋。棋盘上，我俩斗得天昏地暗；嘴皮子上，也常斗得不可开交。这不，"牛犊"和"老姜"又战上了。

　　一开始，"老姜"就打了我一个措手不及，把我的司令炸飞了。群龙无首，军中可不成一团乱麻了嘛！不一会儿，我又损失了一名团长、一名旅长和一名师长，而"老姜"的司令、军长到目前为止都安然无恙。"不可乱了阵脚，更不能放弃胜利的希望。"我暗暗告诫自己。"敌强我弱，不能蛮拼，得智取！"我使出调虎离山之计，以牙还牙，也炸掉了"老姜"的司令。随后，又乘胜追击，用军长干脆利落地歼灭了他的一个师长和一个工兵。

　　我被胜利冲昏了头脑。这时，"老姜"突然抛出一枚炸弹，吓得我方军长连滚带爬地逃回了军营。"老姜"把炸弹死守在我方阵前，我哪敢轻举妄动？我一边巡视战场，一边寻找机会。我调来"除弹专家"工兵，准备绕到敌后方，发动突袭。谁知，"老姜"早料到了我这一招，把炸弹调到铁路上，并派连长巡守。我方工兵既要除炸弹，又得防连长，忙得晕头转向。"老姜"瞄准这个空当，果断地挖了我

111

的炸弹，又用军长吃掉了我的团长、旅长两员大将。祸不单行，我的工兵不但没能如愿完成任务，反而中了敌方埋伏，壮烈牺牲，真是"赔了夫人又折兵"。此时，我方阵地上只剩下军长这一根"光棍"了。军长紧急出动，谁知，正中"老姜"下怀，他的炸弹早已虎视眈眈地等了半天了。我仅存的都是虾兵蟹将，想重新摆兵布阵，无奈敌强我弱，没多时，就全军覆没了。"姜还是老的辣！""老姜"的口头禅又冒出来了。我毫不示弱，涨红脸回击："一盘不能定输赢。再下两盘，让你领教一下什么叫'初生牛犊不怕虎'。"

于是，棋盘上，战火又重新点燃……

我教奶奶识字

吴　昊

奶奶不识字，但喜欢听新闻，特别喜欢我读晚报上的新闻给她听，她说小孩子的声音听起来很干净很好听，于是这便成了我每天晚饭后的必修课。吃完饭，奶奶往躺椅上一躺，我便端着小板凳，在旁边认真地开始读起来。偶然一次，我发现奶奶坐在书桌旁琢磨着什么，凑上前一看，才知道奶奶拿着笔在认真地写着些什么。"奶奶，您写什么呢？"我好奇地问。

奶奶笑眯眯地转过头来，温柔地看着我："吴昊，奶奶也想识字儿！奶奶想把你妈妈和舅舅，还有你的名字都学会写。""哦，好……"我认真地点了点头，笑了，但愿这能让奶奶的晚年生活更快乐些。

于是我便成了小小老师，开始教奶奶写字。

奶奶学得很快，很用心。妈妈说，奶奶是个倔强又肯吃苦的人，而凡事就怕认真二字。你瞧，只用了一个星期，了不起的奶奶就学会了我、舅舅，还有妈妈的名字。虽然字写得歪歪扭扭，可奶奶还是乐开了花。

那天，奶奶突然病倒了，医生说，奶奶得了可怕的癌症。这个消息仿佛一道晴天霹雳，让我的心都碎了。

奶奶住进了医院，却还是坚持练字。每当我对她写的字加以赞赏时，奶奶就会很开心很开心地笑，脸上的皱纹也仿佛一朵温柔绽放的花朵，美丽极了。

爸爸妈妈隐瞒了奶奶的病情，她以为自己只是胆结石，所以她在住院后也常常对我说："吴昊，等奶奶病好了你要教奶奶写更多的字。"每当这时奶奶的眼里总会露出希望的光芒，脸上也溢出幸福的微笑，但我的心每次都会隐隐作痛。

"奶奶，明天我教你写'我'字好不好？""奶奶只想写好自己孩子和孙子的名字。""不要嘛，我就是要教奶奶学会'我'。"

我的小脑袋乖乖地枕在自己交叉的双臂上，趴在奶奶的被子上望着月光映照下的奶奶。

"奶奶，我睡不着。"

"呵呵，我的傻外孙儿。"

"奶奶，以前我给你读了那么多次报纸，今天您可不可以给我唱首歌呢？"

"嗯……好。"

奶奶轻轻眯起眼睛，低低地哼起了歌来："月儿明，风儿静，树叶儿遮窗棂啊……"

第二天，奶奶就去世了，每个人都料到了，因为奶奶的癌症已经

是晚期了。

奶奶去世几天后，偶然发现了一张字条："昊昊、大明、玉芳，爱你们。"这是我、父亲和姑姑的名字。奶奶在写"我"字的那个地方，留下了一个永久的空白。

没有"我"，她的一生全是其他人，她把满满的爱都给了我们，这就是我的奶奶，平凡而伟大！

古老岁月中的浅吟轻唱

刘勤勤

铁城四面萦绕着青山，中央贯穿着溪流。因此，这里的雨是灵逸的，幽奇的。有时，它在蒙蒙之中透出一抹隐隐的嫩绿，有时它在茫茫之外露出一团淡淡的浅红。细雨霏霏，微风轻拂，庭院中那几棵石榴树颤动着枝叶，昔日的泥土墙又在我外婆的故事里慢慢清晰了。

外婆说，那时，整个铁城还是个黄土的世界，只是偶尔零星地点缀着些砖瓦。就如无垠的草原上几吊孤独的野花，显得那样单薄，无力。我住在城东，那儿就连野花也望不到。外婆讲的故事，使我仿佛置身于昔日的情景中，天是蓝莹莹的，云是白生生的，房子就静静他生在大地上，不时可以看见猫儿快速他从街的一边跃到另一边。黄色的泥墙上写满了岁月的沧桑，镶满绿色的苔藓。它们矮矮的，凄然地站在那儿，像一位饱经风霜的古老哲人。

细雨蒙蒙，如烟，若雾，泥房依旧从容地站在风雨中，可它苍老

的"面容"实在经不起太多的风雨。岁月轻轻流淌，光阴荏苒，十年过去了，又是一个阴雨连绵的季节，石榴树的叶子还未来得及舒展，一簇簇鲜红的石榴花就已经闪烁于枝头盛开了。在雨中，石榴花更显得红艳欲滴，如铺霞缀锦。

眼前不再是老旧的泥房。焕然新的房屋不再惧怕任何暴风骤雨，浑厚的地基上垒起一座座的高楼，昔日的伤痕无处可寻。

烟笼的远山，舒卷的白云，绚烂的彩虹，玲珑光洁的墙和红砖绿瓦的房，构成了一幅幅色彩变幻，随风飘动的风景画。画卷中，外婆坐在舒适的房屋内，笑容满面，她不再担心，也不再忧愁。

雨还在下，泛起一朵朵涟漪，泛出了铁城特有的温馨，荡开了铁城春天的气息。

神秘的"土电话"

杨 怡

"丁零零"，上课铃响了，这节课是科学课。

张老师迈着矫健的步伐走进教室，神秘地说："同学们，你们知道什么叫'土电话'吗？"同学们争先恐后地举起了小手。搞笑大王首先发言说："张老师，我知道，'土电话'就是用泥土做的电话机呗。"

听了这番话，同学们有的举双手赞成，有的连连摇头，有的悄悄议论开了，还有的捧腹大笑起来，教室里顿时热闹非凡。

　　张老师神情严肃地说："其实'土电话'并不是用土做的，这里的'土'是相对于真正的电话而言的。我们今天就一起来做打'土电话'这个实验。"话音刚落，喧闹的教室顿时鸦雀无声，同学们都瞪大了好奇的双眼盯着张老师。只见张老师从袋子里拿出两个一次性杯子，一根别针，一根棉线。张老师笑着说："这就是做'土电话'的全部材料。"首先张老师拿起别针分别在两个杯底戳了个小洞，然后拿出棉线，穿过这两个小洞，并在线的两端各打一个结。张老师边演示边说："这里可以打结，也可以在线头处捆一小段牙签。"不一会儿"土电话"就做好了。张老师看着全班同学，说："这节课纪孝俞和杨心怡的表现最好，就让她们先来做这个实验吧。纪孝俞，你站到门外面，对着杯子口，把你最想说的话说出来。杨心怡，你把杯子口对着耳朵，听听纪孝俞说了什么。记住把棉线拉直，轻轻地说话。"

　　打"土电话"开始了，我耳边传来了纪孝俞那轻轻的话语："我一定要考第一名！"我重复了一遍纪孝俞的话。接着，张老师问我们打"土电话"的感受。我说："感觉说话者声音变了，而且也不太清楚，但仍然可以听得出所说的内容。"然后，张老师又找了几位同学来尝试。

　　最后，张老师郑重其事地说："同学们，通过这个科学小实验，你们明白了什么？""我！""我！"一时间小手如林，大家都争先恐后要发言，徐威扯着嗓门喊道："棉线可以传播声音！"张老师微微一笑，说："你只说对了一小半。"这下同学们都傻了眼，你看看我，我看看你，谁也不说话。

　　张老师望着面面相觑的大家笑着说："声音的传播需要靠介质的振动，使声波沿介质扩散开，就像水面的波纹一样。'土电话'之所以能传声，就是因为声音通过中间那根绷直的线，使一端的震动传播到另一端，证明了声音除了通过空气，也可通过固体传播。"原来如此，大家恍然大悟。

这个小实验令我受益匪浅，真希望张老师以后能多做一些这样的科学小实验，让我们在实践中快乐成长！回到家后，我就学着老师的样子，DIY了一个可爱的土电话，准备给老爸老妈也上一堂有趣的"科学课"！

小小"昆虫迷"来也

钱 冰

"上课玩蚂蚱，下课捉瓢虫，你啊，真是个'昆虫迷'！"这是老妈对我的无奈感慨。

的确，我特别喜欢昆虫。每天一回家，我就迫不及待地跑到田里去捉昆虫。捉到蟋蟀和蚂蚱就放在木桶里，让它们比跳高；捉到蜻蜓和蝴蝶，就绑上丝线，让它们赛飞行；捉到黄粉虫和蚂蚁，就用木条做跑道，让它们比赛跑

现在上阵的是黄粉虫和蚂蚁。黄粉虫小小的，软软的，看上去就像一小截细细的黄色香肠，所以我叫它"迷你香肠"。小蚂蚁又黑又小，但是强壮有力，我把它叫作"黑色战车"。此刻，它俩都在我为它们量身打造的木制跑道里，不耐烦地扭动着身子，似乎很不满地抗议我安排的强制性比赛！

"昆虫界第十五届运动大会，第一、轮比赛项目——短距速跑。由'迷你香肠'对阵'黑色战车'。比赛开始！"我大声宣布。可是，它俩谁都不听我的指挥，总是在原地转圈儿。哼哼，没关系，山

人自有妙计：我立刻挥舞起早已点燃的檀香，悄悄地逼近它俩。炙人的热力，顿时让"迷你香肠"和"黑色战车"产生了紧迫感。在这生死攸关的时刻，二位猛士立刻做出了明智的抉择——听从指挥，向前冲。

"黑色战车"不愧为"大力士"，一旦认定方向，就立刻以惊人的速度沿着赛道向前爬行。可怜的"迷你香肠"，虽然也很想前进，可是谁让它平时太过于"养尊处优"了呢，那胖胖的身子根本禁不住热力的侵袭，已经前进无力啦。无奈之下，我只好拿走燃烧的檀香，用细棒轻轻拨了拨它，很有耐心地引导它慢吞吞地向前进。回头一看，嘿，"黑色战车"已经胜利到达终点啦，正不紧不慢地行进在返回的路上呢，那样子悠闲极了。我立刻高声宣布："第一轮'短距速跑'黑色战车蚂蚁先生获胜。"

蚂蚱和蟋蟀比跳高，蜻蜓和蝴蝶比飞行，同样扣人心弦，同样精彩无限……

难怪大伯常常对爷爷说："我们家族没准要诞生一个中国的'法布尔'啦。"说不定，长大后我还真的可能做一个中国的法布尔呢！

那片记忆中的阳光

　　傍晚，阳光把飘逸的云朵染上温柔的颜色。奶奶一手提着菜篮，一手牵着我，欢声笑语不断地飞出，奶奶慈爱的目光温柔地落在我的身上。身后，是我和奶奶被风拉得长长的影子和米色的阳光。

当天庭进入信息时代

梁文博

自西天取经后，唐僧一行人便在天庭住下了，九天之上，其乐融融。地上的人们也在进步，创建了手机、网络，个个足不出户就能享受信息带来的方便。

玉帝一看眼红了，心想：人都过得这么好，神仙也要进步。于是他马上命令游学归来的孙悟空建网络，做手机。不出几天，一个天庭"互联网"时代开始了。

刚开始所有人都很稀奇，因为除了孙悟空谁都没见过这些高科技，更别说用了。刚拿到手机时，大家都很笨拙，过了几天就得心应手了。瞧！玉帝在用他独一无二的人参7Plus抢红包，王母娘娘的蟠桃网店已月入八百万，八戒用QQ再次搭讪嫦娥，连哮天犬也会点外卖了。

孙悟空成了大功臣，在表彰大会上，没人听到他嘀咕了一句："这些东西还是不要的好。"在给天庭修好超级电脑后，他便又去四处漂泊了。

灾难发生了，天庭里几乎每个人的体重都翻了好几倍，个个都胖成了大肉球。更要命的是，复活的牛魔王用病毒击溃了无人看管的超级电脑，随后天马逃散，蟠桃枯萎，人人被反锁在家，玉帝被嫦娥和

千里眼追着打，天庭一片狼藉。

幸好孙悟空及时赶回，删除病毒，打败了牛魔王。平息事件后，玉帝要求消灭网络，人间也一样。

网络没有了，但大家的生活没有变化，仍旧快乐。孙悟空在天上笑着说："网络是为了填补人与生俱来的孤单与不安，抛开那些，贴近生活，生活中处处有阳光。"

我们不要虎妈

朱逸凡

在人们心目中，母爱一直像三月的春风那样和煦，像清澈的小溪那样清凉，使人陶醉在浓浓的爱意当中。可是现在，许多父母"望子成龙，望女成凤"，不能让孩子输在起跑线上的迫切心态使他们全身武装起来，成为了威震八方的虎妈狼爸。可是，在我们的成长路上，真的需要这样的虎妈吗？

有一天，我和一群小伙伴在小区里玩。

"一，二，三，石头，剪子，布。"

"哈哈哈，你输了，表演一个节目吧。"

欢声笑语在小区的上空回荡着。这时，隔壁家的王宇凡探头探脑的，在角落里偷偷地看着我们。眼尖的李敏看到了，连忙喊道："小凡，一起来玩呀！"话音刚落，就听到王宇凡虎妈的叫声了："又要迟到了，还不快点儿去拿书！"王宇凡看了看我们，暗淡的双眼含着泪水，垂头丧气的，一步三回头地走了。

"辅导课上完啦！"王宇凡一脸喜气，一路欢呼着，笑得像八月的石榴——咧开了嘴。他一蹦一跳，如同一只欢快的小松鼠，蹦到了我们身边。正当我们玩得开心的时候，又传来了呼喊声："王宇凡，王宇凡……"只见王宇凡伸出的小手立马像碰上了毒蛇般缩了回来，脸上的喜气一扫而光。他的虎妈气势汹汹地朝他走来："王宇凡，我喊了你多少遍了？你怎么就知道玩啊，你能不能有点儿出息啊……"王宇凡在呵斥声中，顿时变成了一个霜打了的茄子。他低着头，哆哆嗦嗦地回家去了。王宇凡在他妈妈的安排下，变身为飞快旋转的陀螺。他本该成为他妈妈的骄傲的，可是事与愿违，王宇凡的表现并没有比别的小朋友更出色，反而大病小病不断，原本红扑扑的小脸变得蜡黄，像只脱了水的柠檬。

看着王宇凡可怜的样子，我只想大声说："妈妈们，请不要再当虎妈啦！"

122

大耳朵的福音

平安

一直以来我都有一个困扰——为什么我的耳朵这么大呢？对着镜子，我怎么看都觉得它们像是两把小蒲扇嵌在脑袋边。

我的大耳朵给我带来了许多烦恼：脱衣服的时候稍不小心领口就被耳朵卡住了，必须用力才能脱下来，耳朵疼得受不了；耳朵太大特

别容易生冻疮；最让我郁闷的是，当我犯错误时，爸爸拎我的耳朵总是又快又准，一把抓住，从不偏差。事后，我看着镜子里又红又肿的耳朵，真是哑巴吃黄连——有苦说不出。以至于小时候我常常怀疑我的大耳朵是爸爸给拎大的，要是长期这样下去，我会不会变成小白兔那样的大耳朵呢？

当然，耳朵大也不全是缺点，妈妈说我听力特别好，听脚步声就能判断是谁回来了，然后在他们掏钥匙的时候，我突然开门，给他们一个惊喜。有时候妈妈才到车库，我就在四楼大喊"妈妈"，妈妈很惊讶，其实这都是我大耳朵的功劳。

我们大耳朵中还有位明星呢，他就是大耳朵图图，相信大家对胡图图一定很熟悉。我们耳朵大的小朋友也是很聪明的哦！

这几天更是听到了一个天大的喜讯——耳朵大，福气多，寿命长。爸爸生怕我不信，还列举了佛像的耳朵都是又长又大，我不禁回想起《西游记》中的如来佛，他的耳朵确实又长又大，难道他们说的都是真的？看起来还真是挺有道理的。看着在一旁偷笑的妈妈，再看看爸爸，我发现他们的耳朵也不小，我明白了，这一定是遗传基因在作怪。

哈哈，我一直苦恼的大耳朵居然可以给我带来福音，大耳朵的我也迎来了春天！

妈妈的"黑暗料理"

陈儒馨

　　说起妈妈，那可是超牛的！因为妈妈既上不了厅堂，又下不了厨房，所以，平时一直都是爸爸做饭。可今天，爸爸有事不回家，也算是我撞上了"好运"，于是，做饭这项工作，就理所当然地落到了妈妈身上。

　　我在里屋做作业时，内心便隐隐有一种不安。因为外面既没有锅铲碰撞的声音，更没有饭菜在锅中"滋滋"作响的美妙音乐。这……难道是妈妈良心发现，决定放过我这一回，出去吃？那样的话简直太好啦！正当我暗自庆幸的时候，突然一股刺鼻的"菜香"钻进了我灵敏的鼻子，我想都没想，立马放下手中的笔，以百米冲刺的速度奔向厨房。站在厨房门口，我整个人都傻了，明显感觉到自己的鼻子都中毒啦！眼前这一切，实在是让我不忍心看下去了。好好的食材经过妈妈的"毒手"后，立刻变得面目全非、惨不忍睹：原本娇翠欲滴的小油菜被活生生摧残成一位又黑又丑的"巫婆"；可怜的面条被整成一块又大又黏的面团；就连粉嘟嘟的小鲜肉，在妈妈的严刑火烤面前，也被硬生生弄成了"黑炭块"……

　　到了吃饭时间，看着满桌子黑乎乎的饭菜，闻着刺鼻的煳味，我实在不忍心再对这些"无辜"的饭菜动筷子，更没有勇气把这些"黑

暗料理"放进嘴里。

"赶快吃，别磨叨，过会儿饭菜就凉了……"在妈妈一声紧似一声的催促声中，毫无办法的我只好身不由己地吃了一口菜，闭着眼往嘴里扒了一口"固体面条"，经过反复咀嚼后，我含糊不清地吐出了五个字："钢筋加水泥！"并在老妈的催促和监督中艰难地咽了下去。

妈呀！厕所在哪里？我要吐了……费了九牛二虎之力，嘴巴备受折磨，才勉强吞下几口"黑暗料理"后，我无辜的胃又要开始承受这些"黑暗料理"翻江倒海式的冲击啦，眼里满是泪花的我默默地飘回了房间……

"干什么去？还没吃完呢！"听到妈妈的喊声，我欲哭无泪："我亲爱的老妈呀！你就饶了你的亲女儿吧！"

交钱风波

吕　政

我最大的问题就是健忘，刚刚说完的事我一眨眼就忘了。

昨天早上，老师对我们说："同学们，明天上午每个人带八十元的书本费，千万记得啊！"听后我就告诫自己：吕政，这次你可不能再忘了。回到家，我正准备问妈妈要钱，不曾想妈妈"先发制人"："儿子，你的语文试卷考了多少分？"哎呀！糟了！妈妈的消息好灵通，我本想瞒过这件事呢，谁料东窗事发了！我只好硬着头皮，惴惴不安地小声说："72.5分！"妈妈一听就炸了，怒道："你到底怎么回事！一天就知道玩！"我顿时哑口无言，不敢再吭气。心想：先过了眼下这关，明早再要钱吧！但不幸的是，第二天一觉醒来，我早把要钱的事忘得一干二净。到了学校，我才想起此事，还好，许多同学也没带钱，我这才松了口气。

但是下午怎么办呢？如果给妈妈打电话，那她一定会骂我不长记性！不管了，走一步算一步，到中午再说吧！中午，到了托管所，我跑到看管我们的老师身边，诚恳地说："老师，学校要交八十元钱，我忘记带了，你借给我好吗？明天中午我就还你。"我原本以为老师一定会借给我，没想到老师一口就拒绝了。这可如何是好？无奈之下，我决定午休后问托管所的校长借钱。但不幸的事儿又发生了，午休过后，我着急和别人玩耍，把借钱的事又抛到了九霄云外。

一路开心地走到学校，刚一进教室，负责收钱的同学就问我要钱。"呀！我本来是要借钱的，可我一高兴就给忘了。"我慌张地说。此时，我就像热锅上的蚂蚁，但还是心存侥幸，再次在教室里寻觅"同伙"，想让他们和我一起面对这尴尬，可找来找去，只有一个人没带钱。最后，还是老师仁慈，先帮我俩把钱垫上了。

交钱本是一件小事，却被我的"好"记性给折腾了一整天。我暗暗下决心：一定要把健忘的毛病给改掉！

肚子抗议记

陈沂滟

"咕噜噜……"肚子又开始唱空城计了。唉！早上就算来不及也该抓块面包的，现在我已经饿得前胸贴后背了。我捂着肚子，有气无力地趴在书桌上。

看着后桌大口大口地啃着糯米团，我狂咽口水；看着前桌津津有味地喝着酸奶，我垂涎三尺；再看看同桌，一大块面包塞进嘴里，我只能塞手指头……"咕噜噜"的声音又在击打我的胃，唉，还是得劳烦我的双腿跑一趟小卖铺了。谁知，我刚想迈出教室的门，不近人情的上课铃声就响起来了。

好不容易下课铃声如约响起，可老师却意犹未尽，还在声情并茂地朗读着课文，可老师的感情再丰富，调皮的肚子还是义无反顾地进行抗议，"咕噜噜"的声音似乎也越来越响亮，终于等到老师的一句"下课"，我眼睛一亮，立刻奔出教室门，可前脚刚迈出去，上课的铃声再度响起，我只好悻悻地又回到座位上。

没有食物，只好靠想象。望着窗外的云，我不禁想起了美味的可乐鸡翅，迷人的油渍，鲜嫩多汁的鸡翅，一大盘端在我面前，香气扑鼻；再看看旁边的一朵，简直就是黄澄澄的香蕉，把皮剥开，淡黄色的果肉直奔眼帘，一咬下去，就会有甜滋滋的味道萦绕舌尖；最大的那一朵，就像一碗蛋炒饭，咸淡适中，闪闪发亮的米饭堆积成一座金字塔，透着诱人的光芒。当另一朵云飘过来时，我的肚子又打起了退堂鼓。我气愤地关上窗户，又是悲剧的一节课。

第二节课好不容易熬了过去，我早已浑身乏力，但还是飞奔向小卖铺，心中打着如意算盘：一会儿一定要买三块面包，再来盒酸奶，还可以买棒棒糖，还可以……

我迫不及待地来到小卖铺门前，咦？怎么是锁的？哎呀！小卖铺阿姨今天不在，这下……

我愣了半天，欲哭无泪地爬上五楼的教室。

想象中的弟弟

盛浩源

假如妈妈给我生个弟弟，我的生活将会是怎样？我的脑海里反复想象着。

妈妈生了个弟弟，日夜围着他转。不太欢迎弟弟的我瞅了瞅他，对，此刻他还是个只会伸手伸脚的婴儿，正躺在妈妈精心布置的小床上熟睡。他的眼睫毛时不时地微微颤动，小嘴巴紧闭着，嘴角上挂着笑。我忍不住想逗他！

我靠近小床，俯下身子，伸出小手指，轻轻地对着小家伙肥嘟嘟的脚板挠痒痒。弟弟有点儿迟钝地伸直了脚，我停下动作，他的小脚又自然地蜷缩起来。我饶有兴趣地稍稍加大力度挠了一下他的小脚

心。这次的弟弟变得敏感极了，发现来者不善，立即拉响警报。"哇哇哇哇"的哭声传了出去，爸爸第一时间赶来。老爸看出我有"作案"嫌疑，对着我责怪道："你为什么要惹他？"我没来得及回答，弟弟的哭声更大了，像在跟老爸告状……

我不敢再想了，狠狠地拍了下桌子，幻想起另一种情景：

一个风和日丽的早晨，我写完作业，正专心致志地看着精彩的电视节目。一个小身影闻声从卧室里走了出来。对，还是我的弟弟。他现在走路摇摇晃晃、跌跌撞撞的，靠着扶墙勉勉强强地走起来，这速度估计连蜗牛都可以超过他。我漫不经心地问他："你这是要干什么呀？"弟弟奶声奶气地说着含糊不清的话。"我扶你吧，你这走路姿势实在不敢恭维啊。"我也不管他听不听得懂，站起来去拉他。"不要！"清脆的两个字从弟弟的嘴里蹦出来，说完他还嘟起了嘴。也好，我继续看我的电视，没有再注意他。

突然间，他一个踉跄，如一头发怒的野猪般冲向我。"啊呀！"我惊慌失措，唯恐被这枚天外飞"弹"击中。我一个急转身，想让他倒在沙发上。谁知人算不如天算，不知是地板太滑，还是腿过于软，弟弟像个花样溜冰选手，飞速地转了个圈。我一见不妙，正要转身躲避时，弟弟的身影已结结实实地倒在了我那可怜的脚上。"啊呀！"我又一次大叫起来。他的金刚大门牙啃在了我的脚背上。瞧他，嘴巴咧得老大，眉头紧皱，大哭起来。我也顾不了他了，抓着疼痛的脚在地上单脚跳。他看着我略显夸张的动作，停止了哭泣，居然拍手笑了。我怒火中烧，轻轻地踢了他一下，他又狂哭不止……

我立刻停止想象，降临一个弟弟真是太恐怖了！

葡 萄 雨

刘伟楠

早晨醒来时，妈妈和我说："今天，就带你开开眼界，看看什么叫作唯美。"

迷迷糊糊的我和妈妈走出家门，上了一辆区间车，任由车辆奔驰。天有些阴沉，地上还有少许的积水，那是因为昨天晚上刚刚下过一场雨，清新的空气中还夹杂着丝丝的细雨。公交车大约走了一个半小时，我们下了车。走了一会儿，妈妈说："好了，到了！这就是我们今天的目的地——采摘园。采摘之前，先欣赏一下景色吧。"

细雨中的葡萄园别有一番韵味，看到美景，迷糊的我顿时清醒了。葡萄园里，葡萄架子上爬满了叶子，藤藤蔓蔓缠在一起，中间夹着许多紫葡萄。葡萄上挂着雨珠，颗颗晶莹剔透，把葡萄衬托得更加娇嫩妩媚，仿佛一件艺术品。

我走在藤下，细细的雨被葡萄藤叶挡住了，竟然完全感觉不到雨丝。不过，葡萄叶上还挂着雨水，偶尔哪片纤细的叶子不堪重负，将一滴雨珠抖落，砸在人头上，能浸湿一大片头发。抬起头，细细的藤蔓攀在支架上，部分还低垂下来，好像美女的发辫轻轻搭在肩上。一路走着，清新自然的芳香扑鼻而来，每一个毛孔都跟着熨帖起来。我沉醉其中，眼前的美景，不正是一幅迷人的画卷吗？

葡萄架很矮，走路时，头经常会蹭到成熟而低垂下来的葡萄。我心血来潮，让一串串晶莹剔透的紫葡萄正好垂在我的头上，然后拍了一张照片，看起来就像是戴了一个古色古香的紫葡萄头饰。巧的是，我穿了一套紫色的小洋装，看起来就像是融进了风景之中。醉了，真的醉了，我不由自主地脱口吟道："玉阑秋色知谁主，隔阑一架葡萄雨……"妈妈打趣说，再配上一支箫和一条紫藤项链，我就成了古文中描写的紫藤仙子了。

这葡萄伴雨的美景，让我深深体会到了"葡萄雨"的韵味。真是不虚此行啊！

经典的种子

刘宇帆

小时候，我家里有一大堆古诗卡片，它们是我心爱的玩具。我随便拿起一张，看着图片便咿咿呀呀地念起来："鹅，鹅，鹅，曲项向天歌。白毛浮绿水，红掌拨清波。""离离原上草，一岁一枯荣。"……虽然我不认识卡片上的字，却摇头晃脑吟诵得像模像样，一本正经的样子常常惹得父母哈哈大笑。从此，一颗书香的种子在我的心中萌发了。

上学了，我诵读了更多的经典诗文，走进了一个妙不可言的世界。我认识了"诗仙"李白、"诗圣"杜甫，我了解了孔子是儒家学派的代表，我感受到了岳飞《满江红》里那满腔的爱国情……"择善从之""不耻下问""温故知新"等，字字句句都镌刻在我心间，留下一道道深深的印记。这点点滴滴仿佛是涓涓细流滋润着我的灵魂。"三人行，必有我师焉。"这句话让我不敢骄傲自大，永远以一颗谦虚的心对待别人。就拿我们班来说吧，在这个大集体中有我许多良师益友：小小书法家冯彦博，唱歌王子王文，数学高手俞乐轩等，他们的才华和智慧都值得我好好学习，这样我不就可以为自己增添更多的知识养分了吗？这正是孔子传给我的做人的道理呀！

"读万卷书，行万里路。"经典诗文中有许多描写自然风光的千古美文。气势雄伟的泰山，滔滔不绝的长江，风光旖旎的草原……这些地方都令我神往不已。于是，我来到泰山，一见到它就为它的宏伟所折服。当我气喘吁吁地登上山顶，只见四周云雾缭绕，云海翻滚，远处的山峰隐约可见，杜甫的诗句"会当凌绝顶，一览众山小"便脱口而出。我来到草原，到处的翠色欲滴，羊群走到哪儿就像给草原镶上了白色的大花，还有几头牛在草丛中四处游走，吃着新鲜的草儿，一幅"天苍苍，野茫茫，风吹草低见牛羊"的画面在我眼前徐徐展开。

诵读经典，让我感受到中华传统文化的博大精深；诵读经典，让我的心灵更加纯净；诵读经典，让我的思想更加丰厚。在经典诗文中茁壮成长，在经典诗文的海洋里尽情遨游，这是我——一个中国少年真真实实的梦想！

抹香鲸的选择

郑维睿

"宛童！你在干吗呢？快出来去看看外面的污染吧！"门外传来了甜美的声音，我的死党——蓝音，她人没到声音就已经先到了。"来了，来了！"我一边大叫一边去开门，门一打开，我急切地问："蓝音，今天情况怎么样？""唉！那还用说，我早上刚醒就看见人类又扔了好多垃圾。"这些人类不用的废弃物已经在我们的海里堆积如山了。

哦！对了，我忘了介绍，我是一只未成年的抹香鲸，叫宛童。蓝音是我最好的朋友。我们生活在深海中，是你们人类的二级保护动物。我们有一个很大的家族，我爸爸就是赫赫有名的族长。

长久以来，人类老是往我们生活的家园投放垃圾——生活废水、工业废水……把我们的家园弄得浑浊不清，乌烟瘴气。现在，情况越来越严重，前不久已经有六只抹香鲸相继死亡，两只为逃避人类的捕杀而受伤，现在还在疗伤当中……

爸爸一大早就去开家族会议，商量怎么面对越来越严重的生活环境。下午爸爸回来了，隔着门就听到爸爸那焦急的叫声："宛童，快通知一下你妈妈，收拾好行李，这里的污染越来越严重了，我们必须马上离开，否则我们全都会没命。"

爸爸带着我们提着大包小包的东西奔向族神塔，族人们都已经在那里等候我们一起祷告。祷告完毕后，我们全族在爸爸的带领下依依不舍地离开生活了多年的家乡。

几经颠簸，我们终于来到了一片新的海域，这里暂时没有垃圾，没有污染，爸爸真不愧是族长，就是聪明，居然找到了这么好的地方，大家赞叹不已。

我们在这地方住了下来。前两天还好，第三天早晨，我正在睡梦中，一阵突如其来的声音像根针似的刺入我的耳中，都快把我弄得神志不清了。我赶忙跑到外面，一打听才知道，这是人类的船只发出来的次声波——是我们抹香鲸的克星。

在这以后的每一天，我们都在强烈次声波中度过，好多同胞相继死去，这其中也包括我的妈妈。爸爸把剩下的为数不多的抹香鲸聚集在一起，悲痛欲绝地说："在这个世界上，由于人类的危害，已经没有可以让我们活下去的地方了，我们只能选择离开这个世界，行族法——集体自杀！"

于是，在涨潮时，我们随着浪潮游上了沙滩，等到退潮的时候，我们没有挣扎，而是闭上眼睛，静静地等待死神的到来……

妈妈，我们要在另外一个世界里团聚了。

会造字的外婆

刘青炀

最近，外婆成了我家的通讯员，每天都要把别人打给家里的电话记录下来。可我以前就听说，外婆小的时候，家里没钱供她读书，她很小的时候就帮着大人忙里忙外，没有读过书、上过学。不识字的外婆是怎么记录这些电话内容的呢？对此，我一直充满了好奇。

一天，我跟爸爸一进门，外婆就迎上来，说："小刘（俺爸姓刘），有人找你。"外婆翻开记录本说："哦，12点的时候，星星的叔叔——余有波找你。"

我看到外婆看着小本子念叔叔的名字，便好奇地问："外婆，你不是不认识字吗，到底怎么记录的呢？"说完，我打开本子，只见本子上全是图画。外婆好像看出了我的心思，就指着其中一幅图画对我说："你看，这里有一条鱼，鱼的旁边有一条条波浪，这表示的就是余有波呀！"啊！果然，图画的内容和外婆这句话的意思正好吻合！

我忍不住笑出声来，又指着上面的一个羊头问："外婆，这又是啥呀？""这是老杨，那是小杨。你看，一个有胡子，一个没有胡子嘛！"外婆眉飞色舞地解说着，脸上写满了自信。

我又指了指那幅像流水的图，外婆从容答道："这是小刘，就是你爸爸打来的电话。"我听了哭笑不得。

这时，一幅奇特的画闯入了我的眼帘：上面是一朵蓝色的花，旁边有一根木头，正上方有一颗星星。我不敢问外婆，怕外婆说我烦。谁知外婆帮我解了疑，她说："这是花木兰新呀！是你姐！"哦，外婆又一次帮我破解了这组让我如坠云雾的密码！

外婆虽没上过学，可是，她会造字，她用自己的符号记录着生活，记录着情感的传递！

同门大决斗

李志炫

正所谓人外有人，天外有天。在血雨腥风的江湖中流传着这样一个关于神枪手的故事……

"砰！砰！"的枪声从树林里发出。到底是谁在开枪呢？原来是一个长着棕色短发、拥有一张樱桃小嘴，看起来眉清目秀的小屁孩儿在那里练习射击。他的旁边站着一位白胡子、精神矍铄的老人，他是小屁孩儿的师父，在那儿监督小屁孩儿练习。只见小屁孩儿心不在焉地练习着枪法，以至于连续几发都没射中。师父脸上的表情开始渐渐凝重，不知在思考什么。

躲在一旁的师兄大汉见小屁孩儿这个样子，就想在师父面前大显身手，让师父知道谁才是真正的神枪手。原来这位慈眉善目的老人就是江湖上赫赫有名的神枪手"白眉大师"。只见大汉抿着一张大大的香肠嘴，挺着个大肚子，走到小屁孩儿旁边一把抢过枪，随手一扣扳

机，只听"砰"的一声，瓶子底部的碎片落在了地上。然后大汉得意地蜷起四根手指，拳头翻转，大拇指朝下做了一个鄙视小屁孩儿的动作。此时大汉心里一定在想：你个小屁孩儿，跟我斗还嫩了几年！

小屁孩儿见了，神色如常，立马夺回枪，连续"砰！砰！砰！"三声枪响，其他三个瓶子的底部应声而碎，碎片如雪花四散。小屁孩儿笑嘻嘻的，好像在回应大汉：哼，大师兄，你也不过如此。而一旁的老人看到瓶子的碎片，凝重的神情里有了一丝微妙的变化。

看到小屁孩儿的回应，大汉满脸不服，就找了一匹马想展示高难度的骑马飞射，大汉在马上英姿飒爽，心里别提有多得意了。看着大汉把瓶子剩余的部分全部射下，老人也忍不住点点头。此时的小屁孩儿比先前更加淡定了，谁也猜不透他在想什么。只见他转过身，恭敬地把枪交给老人，"嗖"的一声跃到了树上，再从树上像龙卷风似的旋转而下，与此同时两把手枪的声音也在"龙卷风"的虚影中传来。"啾！啾！啾！"挂瓶子的绳子应声而断。大汉见到这一幕，惊得目瞪口呆！可他还是不服，咬牙切齿地对小屁孩儿说："明日，我们在山顶决斗，你可敢来？""有什么不敢的！"小屁孩儿说完，头也不回地跟在师父后面离去。

第二天，小屁孩儿和大汉来到山顶，作为唯一裁判的老人自然也到场了。小屁孩儿不紧不慢地说："比什么？"大汉深吸一口气，喊道："看到对面那座山上的柳树了吗？我们比谁能射下树枝尖上的那片柳叶，不能多射一片，也不能少射一片！"说完，大汉也忍不住开始紧张起来，对于这项挑战其实他也没有多少把握，不过，他相信小屁孩儿也不一定能够做到。大汉抬头望去，小屁孩还是一副从容不迫的样子，老人看到了也忍不住微微一笑。"开始！"随着老人一声令下，两人同时开枪，有三片叶子从树上飘落了下来！"小屁孩儿胜！"老人哈哈大笑起来，说道，"我终于后继有人了！"原来，三片叶子中大汉射中两片，小屁孩射中一片，那一片正是柳枝尖上的那一片！小屁孩儿依然神色如常，而大汉望着柳树久久没有回过神儿来……

难忘的野菊花

龚悦名

空寂无人的操场，孤独的野草疯长着它的思念，流云萦绕天际。摊开手，微风滑过，悄悄的凉。多美。又易碎。

仍然记得，数学课上，突然被老师点名回答问题，半秒时差。前半秒还回荡着我的声音，后半秒就是掺杂着质疑的哄笑。老师笑了，我的心却狠狠地疼。完了，真的完了。老师一定放弃我了，她一定看到了，看到我那半摊着的未写完的小说，看到了我未完成的梦想。抬起头，有鸟飞过。拍掉身上的碎草，站起来，摸出那未写完的小说——梦想也搁浅。撕了算了，也许只有学习才是第一位的吧。再见，我的梦。正欲撕，眼却触到了青石板旁的一株小花——野菊花。微微绽开的花瓣，根根金黄纤弱，却茎粗叶茂，锯形的叶子长满绒毛。花瓣中微拢着新生的希望——已经是秋天了呀。再看一眼，却讶异：它的根呢？对，如此茂盛的野菊应在水土肥沃之地，根定扎于泥土中。可这株却生长于石板之外，全是沙石，哪来的养分呢？仔细一看，哦，原来它的根潜藏于石板下。顺手一拔，没有动。叶片与花瓣在风中傲然挺立，骨子里全是坚韧，连茎也透出不服输的气质来。沉默良久。时钟突然忘记走。泪，滑过。无声地笑了。

未写完的小说我带走了，还有梦。坚定地离开，永不言弃。如果有一天世间所有美好都消失，人鱼失去尾巴，公主王子无法相守，也没有关系。有梦，就不孤独。

那片记忆中的阳光

蒋玉昕

如果你不小心打开了我的记忆之窗，你会发现，那里不仅有我深蓝的童年，还有一片斜斜的、淡淡的散发着清香的纯洁的阳光。

我永远也忘不了家乡的青山碧水，忘不了那片阳光，更忘不了那早已逝去的深蓝童年，以及我最亲爱的奶奶。

阳光下，我和童年的玩伴一起嬉笑。追蝴蝶、捉小鸟、跳房子，开心地跳着、笑着、闹着，分享着童年的欢乐，即使在宁静的雨天，我们也能找到乐趣。笑着笑着，我们的快乐仿佛给沉闷的雨天镀上了欢乐的金边。

阳光下，笑声中，青山显得更绿了，树木显得更挺拔了，男孩子们更英俊了，女孩子们更美丽了，万物都生机勃勃。玩闹中，我们仿佛听到阳光在和我们一起欢笑，小桥，小花也陪我们一起绽放笑容，整个世界都因为我们而欢乐。

阳光下，我扎着蝴蝶结，穿着花边裙，戴着小草帽，穿着小布鞋，坐在望不到边的稻海中，坐在清澈见底的小溪边，坐在婀娜多姿的柳树下，看着奶奶在阳光下忙碌。晶莹的汗珠落在奶奶的额前，阳光为它们镀上了轻柔的金边，仿佛珍珠。我惊讶地喊："奶奶，你的脸上有珍珠呢。"奶奶听了，温柔地笑笑："给昕昕也戴一颗吧！"这时，奶奶额前的皱纹会柔软起来，仿佛一朵盛大的野菊花，晶莹的汗珠在花瓣中间跳跃，像欢乐的音符。

傍晚，阳光把飘逸的云朵染上温柔的颜色。奶奶一手提着菜篮，一手牵着我，欢声笑语不断地飞出，奶奶慈爱的目光温柔地落在我的身上。身后，是我和奶奶被风拉得长长的影子和米色的阳光。

可是，时间终究不会为谁停止，年华似水，岁月轻逝。我最亲最亲的奶奶在阳光灿烂的日子里，永远地离开了我。

那一天，我噙着泪水，长大了。

然而，我永远也不会忘记那片阳光，那段日子，和慈祥的奶奶。我轻轻拭去眼角晶莹的泪，把金色的阳光和暖色的记忆轻轻藏进了心底最柔软的地方。

如果某一天，你让阳光与记忆邂逅，请记得多看一看，那片斜斜的淡淡的阳光。

父爱就像棒棒糖

程 梅

那一天，10月9日，爸爸的生日。我愧疚极了，天啊，粗心的我忘记了爸爸的生日，在爷爷的提醒下，我才记起来。

比起之前为母亲过生日时的那份隆重，老爸的待遇实在是相差太

远了。妈妈生日的前一个月，我就开始构思如何给她一个惊喜，生日那天有蛋糕，有礼物，还有一桌子的美味佳肴。母亲节，我用自己积攒的零花钱，给妈妈买了满满一束红色康乃馨，妈妈笑得眼睛弯弯。就连感恩节的卡片上，也是从来只有妈妈的名字……

父亲的生日，是淡淡的，淡得几乎没有痕迹，没有花，没有礼物，也没有蛋糕。

猛然回眸，才发现，我欠父亲的情，永远也还不尽。

我当然明白，读书到深夜，迷迷糊糊中是父亲用那双温暖的还带淡淡皂香的大手，把我的头轻轻托起，小心翼翼地松开我头上的橡皮筋，再将我的被子掰好，叹口气，默默离开。

还有，还有……

可他的生日，我竟然都没有送过礼物。爸爸喜欢什么呢？我不知道，思来想去，我才想起爸爸喜欢吃棒棒糖。

棒棒糖，平平常常的棒棒糖，它不像太妃糖那样味浓芳香，也不像巧克力糖那样厚重绵长。

第二天，我买了六袋棒棒糖，用漂亮的包装纸仔仔细细地包起来，再用拉花系起来，很想对爸爸说一声"我爱你"，可又怕望着不苟言笑的爸爸时，说不出口，于是，我在淡紫色的卡片上小心翼翼地写道"I love you"，如此简单的一句话，我写了一遍又一遍，看着正厨房忙碌的父亲，回想着往日点滴，我的眼睛轻轻湿润了，终于写下一行端端正正的字："我爱你，爸爸！"

我将礼物送给了爸爸，不善言辞的他只是默默地收下了礼物，表情很平淡，可我分明看到了他脸上一闪而过的快乐与欣慰。

人们常说父爱如山，而我却认为父爱更像棒棒糖，只要一点点，就让人甜到心底。

父爱，就像棒棒糖。

我的臭美老妈

刘定远

我老妈是个特爱臭美的人，这不，一大清早就开始了："宝宝快帮我拿一下化妆盒，咦？我的吸油纸怎么不见了，是不是你又拿去玩了？"唉，这种苦日子什么时候才能到头呀！

每天早上，时间本来非常紧张，再加上老妈的班车7点10分就到了，所以，老妈一般6点20分起床，从来不早起一分钟。

这周一我6点半就起床了，准备洗漱的时候，老妈早已非常神速地叠好了被子，还准备了简单的早饭，然后便"从容"地坐在镜子前"浓妆艳抹"了起来，满满一支口红恨不得全部都涂在嘴上，尽管如此，老妈还是觉得自己不够美，对着镜子，左照照右照照。

当老妈从自己的"美"梦中回过神来，一看表，坏了，已经7点整了。于是，她风驰电掣地套上裤子、披上大衣、拎起包包、穿上高跟鞋，大步流星冲出门，临走时还不忘从饭桌上抓起一个面包，一声"再见"，便飞奔下楼去了，当防盗门"啪"的一声关上时，我和老爸才发现臭美老妈精心准备的午饭忘带了。

要说起臭美老妈的臭美神功，那简直是"水陆空"通杀呢。

那次，老妈兴高采烈买了一款防水睫毛膏，为了展示一下带妆下水，老妈提议去游泳。畅游了一会儿，妈妈优雅地摘掉泳镜，闪动着

自信的"电眼"时，我吓呆了。天啊，在那与众不同的黑眼圈的映衬下，老妈像个可爱的大熊猫……

嘿嘿，这就是我的臭美老妈，让人哭笑不得、又爱又气的臭美老妈！不过，我想告诉妈妈，在我心里，妈妈永远青春无敌，美丽动人。

打破热水瓶后的 N 种猜想

姜明敏

一天，奶奶去地里干活，我挥动着彩带来到厨房，想找点儿吃的。一不小心，彩带绕到了热水瓶上，热水瓶里面没有水，所以分量很轻，我本想把彩带拉回来，可谁知越拉越紧，突然，"砰！"热水瓶伴随着一声巨响永远地"盛开"了。我呆若木鸡，愣愣地看着"肇事现场"和水瓶的"尸骨"。怎么办？怎么办？我吓得半死，开始胡思乱想起来。

第一种：奶奶会凶神恶煞地大吼："姜明敏，你怎么回事？厨房是你玩的地方吗？小心点儿，看我怎么揍你！"可怕……

第二种：奶奶会安慰我："敏敏，没事，吃一堑，长一智，以后注意点儿，别那么粗心。"要是奶奶能这样就好了，上天保佑！

第三种：因为我从上次、上上次、上上上次到今年，一共存了不少钱，如果奶奶让我赔，那我就要"割肉"了！

第四种：奶奶会大声说："奉天承运，皇帝诏曰——诅咒姜明敏，三天不准拉屎，拉屎不能用纸，用纸不过一张，直到憋死为止。钦此。"不过，这不太可能，只不过是我编的顺口溜而已。

第五种："我罚你拖地扫地一个星期，洗碗洗衣服一星期。你服不服？"奶奶百分之八十会这样说。"哎，我服，我服。"

第六种：奶奶会笑吟吟地说："乖乖，谢谢你。那个水瓶我早就不想要了，扔了可惜，现在你打碎了，正合我心意，旧的不去，新的不来嘛。"天啊，太好了！我成了功臣了！

……

想归想，现在只能听天由命了。苍天啊，大地啊，如来啊，观音啊，一定要保佑我啊！

玫瑰花的葬礼

杨晓清

144

清晨，第一缕晨曦像利剑般斩断百花园散发着芬芳花香的薄雾，花儿们沐浴在温暖的阳光下，揉着蒙眬的睡眼，抖去身上晶莹的露珠，舒展开翠绿的叶片和娇美的花瓣。

在百花园中央，花朵们众星拱月般围着一株玫瑰，她仿佛一位亭亭玉立的女王：纤细的腰上整整齐齐地排着精巧的小刺，两片翠生生的叶片上密布着深褐色的叶脉，一片片鲜红的心形花瓣如火热的嘴唇，亲吻着金黄的花蕊。

一阵清风拂过玫瑰的脸颊，唤醒了正在酣睡的她。玫瑰身边的一

朵雏菊轻轻碰了碰她，热情地问好："你醒了吗？早上好！"雏菊迎着太阳绽放出灿烂的微笑。玫瑰花微微皱了皱眉头，不耐烦地瞥了雏菊一眼，轻轻拍去刚才落在身上的一点点尘土，指责道："你小心一点儿好不好，我这么美丽的容貌怎么能被这些脏东西玷污了呢？"雏菊不把这些话放在心上，转过头跟其他姐妹说悄悄话了。玫瑰小声抱怨："没教养！"

时光在醉人的花香中悠悠地飘走了。中午，女主人提着水壶来到花园，打闹了一个上午的花儿们都贪婪地吮吸着清凉的水珠。唯独玫瑰，她有些厌恶地瞪了其他花儿一眼，心里埋怨道："你们的举止就不能优雅一点儿吗？这么野蛮，简直给百花园丢脸！"这时女主人来到玫瑰面前，欣喜地叫起来："多么漂亮的花儿呀！"她伸出手，小心翼翼地捧起玫瑰，像捧着珍宝一样。玫瑰心里喜滋滋的，得意地想："我是百花园中最美的！"女主人把玫瑰捧回家，插进昂贵的花瓶里。玫瑰被赞美得飘飘欲仙，她高傲地说："这里才配得上我。"

然而，花瓶里没有充足的阳光和养分，没过几天，玫瑰的花瓣就渐渐失去光彩，变得枯黄。她的腰再也挺不直了，憔悴得仿佛一阵风就能把她化为灰烬。女主人无情地把她扔进了垃圾桶。玫瑰挣扎着用两片支离破碎的叶子支撑着坐起来。忽然，她看到垃圾桶外无边的夜色中，一颗璀璨的流星划着弧线从空中陨落。玫瑰的嘴角浮起一丝淡淡的微笑，奄奄一息地说："呵呵……想不到我的葬礼竟然是和流星一起……"她的声音逐渐消失了。

乡间小路

潘俊杰

走惯了城市平坦宽阔的柏油马路的我，却对乡间的小路有着特殊的情感。

这条乡间小路只有一米宽，也不太平整，上面长满了青青的小草，像是许久没有人走过。一般人从它旁边走过，都不会多看它一眼。但如果走近它，仔细观察，你定会惊奇地发现它那不一般的魅力。所以，每次去乡下，我都会去拜访它。

当春姑娘把春雨洒向大地时，小路也跟着大地妈妈一起苏醒了；布谷鸟叫出第一声"布谷"时，四周的田野也静悄悄地换上了绿装；当春暖大地一片嫩绿时，小路成了一个顽皮的孩子，跟蚯蚓玩起了捉迷藏的游戏；当春意盎然百花盛开时，大地便成了一块闪耀着灿烂斑点的绿色大地毯，此时的小路成了一条快乐的纽带，享受着阳光的普照……

每年夏天，天空时常不作美，大雨倾盆，下个不停，原本坑坑洼洼的小路变得泥泞不堪，人们走在上面就好像在踩地雷一样。但就是这样，我依然会常去看望这位老朋友。

秋天到了，这条乡间小路迎来了一群勤劳的人们，他们挥汗如雨，不辞辛劳地为它做着"美容"。转眼间，一条宽阔平整的小路出

现在了村民的面前，高兴、开心的心情溢于言表。

现在，它已经变成了一条充满希望的小路，因为那里流淌着辛勤劳动的汗水，印记着农民踏实的脚印；更因为它现在已经是连接村庄与城市的通道……

小路虽然朴素，但它以宽阔的胸怀拥抱着过路的村民，把村民带向远方，带向远方的大路……

生命的奇迹

陈家荣

真幸运啊！儿时的玩伴居然送我一杯蚁蚕，真叫人兴奋，他太够哥们了！不过，由于他送得太多，我只好东送西赠，只留下了八条宝贝。

住 进 新 居

我精心挑选了一个精美而透气的鞋盒，小心翼翼地让小宝贝们住了进去。每天清晨，我都在楼下采摘带着晶莹露珠的最嫩的桑叶来喂我的宠物们，你看，它们正吃得津津有味呢！中午放学，我又带了几片桑叶回来，一看，怎么还没吃完啊！妈妈说："它们是蚁蚕，现在吃得少，以后你肯定忙不过来呢！"

茁 壮 成 长

哇！没过几天它们就蜕皮了，从蚂蚁般大小已长成有我指甲盖那么长了。当然，它们的食量也大大增加了，每天我都喂它们。随着时光的推移，它们居然蜕了两次皮，有毛毛虫大小了，需要的食物越来越多了，有几次它们吃得实在太多了，我都不得不夜里去摘桑叶。还有几次，天太热了，盒里的食物没有水分，桑叶干巴巴的，它们就拒食。当我打开盒子的时候，它们用可怜巴巴的眼神望着我，好像在说："主人，给点儿新鲜的吧！"

意 外 收 获

十几天以后，那几只蚕已长成小拇指般大小了，而且食量惊人，我采桑叶的次数也增多了，但看它们长得白白胖胖，我心里也美滋滋的。让人期待的一天终于来临了！昨天我就看见一只蚕不吃桑叶，老是抬起头四处张望，我怀疑它嫌桑叶不够嫩。第二天早上，我又打开盒子，"咦？怎么少了一条？"我四处寻找，惊奇地发现它在盒子的左上方吐了许多丝，好像要用千丝万缕把自己固定住，"噢，原来正在结茧！"几天以后，剩下的蚕也陆续"作茧自缚"了。看着那一个个洁白如雪的蚕茧，我心里很激动，便拿起茧摇，咚咚咚的声音从里面传出来，难道这就是传说中的蛹？我十分期待……

破 茧 而 出

一个星期过后，盒里忽然传出微弱的扇动翅膀的声音。我打开盒子一看，大吃一惊，一只白白胖胖的、头上有两个黑色触角的蚕蛾出

现在我眼前。它孤零零地待在盒子里面。几天后，我发现它正在一个蚕茧上面使劲儿地拍打着翅膀，好像在呼唤它的伴侣。又过了一天，我发现铺在鞋盒底部的白纸上有几团淡红色的血迹，又一只蚕蛾破茧而出。它的触角是白色的，是只母蚕蛾，它们现在都不孤单了。

见 证 奇 迹

陆陆续续地，一个个蚕蛾破茧而出，开始寻找配偶，只见公蚕蛾拼命地扇动翅膀，抖动触角，扭动身体，展示自己健美而又强壮的躯体。求偶开始了，一只母蚕蛾相中了它，那些情敌只好灰溜溜地爬走了。过了几天，母蚕已经奄奄一息了，但白纸上留下了许多黑色的蚕卵。妈妈说："明年的春天这些蚕卵将会孕育出许许多多的小蚕。"噢！原来一个生命的消逝，却是为了更多新生命的诞生！周而复始，生生不息。新生命的诞生是一个生命的奇迹，而一个生命的消逝更是蕴含了母爱的伟大！

149

我是……

常雪晖

当人类第一次踏进浩瀚的宇宙，俯瞰地球，地球是那么的美丽，湛蓝湛蓝的，如同一个蓝色的晶体；许多年后，当人类再一次走进太空俯瞰地球时，却发现地球变了，变得千疮百孔，黑乎乎的，不再有

那片记忆中的阳光

昔日的光彩。

我是地球上的一员，请听我的心声。

我叫图瓦卢，是太平洋的一个岛国。由于人类肆意的破坏，造成全球气候变暖，冰川融化，导致海平面上升。科学家预言五十年后我们将会被海水吞噬，导致我亲爱的国民迫不得已地离开我，背井离乡，迁往新西兰。以后，在地图上再也找不到我了。我的牺牲、消失能唤起大家保护环境的意识吗？

我是水中的青蛙，现在的我无家可归。工厂污水的大量排放，生活垃圾的随意抛弃，让原本清澈洁净的家园变得臭气熏天，浑浊不已。小鱼不堪忍受，早就搬了家，临走前劝我："青蛙大哥，走吧，在这儿只有死路一条，走吧！"走？可我怎么也舍不得离开哺育自己的小河，离不开周围的农田庄稼。离开了我，庄稼怎么办？农民怎么办？唉，过了今天，不知明天又会怎么样。

我是一名普通的小学生，我生活的城市正被二氧化碳包围着，在这里，汽车多如牛毛，每当汽车"屁股"里排放黑色烟雾时，我都会捂紧鼻子，紧闭双眼，待那车过去很远时，我才敢松开手，睁开眼。人们乱砍滥伐，随意采集矿石，造成山体滑坡、泥石流；臭氧层的破坏，引发了许多自然灾害，四川、青海大地震的家破人亡，甘肃的特大泥石流灾难历历在目，让人触目惊心。

现在，我更是一名环保卫士。你们可别小看我哦，我平时最大的兴趣就是读书看报，懂得的环保知识可不少，知道社会提倡节能、节电、节水，提倡低碳生活。在班上，同学们都善意地叫我"小葛朗台"。钢笔头坏了，我就去小卖部配一个，绝不买新钢笔。铅笔用短了，套上套子继续用。用过的本子会给它第二次生命，当作草稿本。在家里，我也是个"小当家"。"妈妈，你洗衣服的水别乱倒，留着浇浇花，洗洗拖把。""奶奶，你炒菜尽量用一个锅。""这又是什么道理？""用一个热锅，节约能源。""你呀……"奶奶听了，笑

了。不过她老人家执行起来，毫不含糊，一丝不苟。对于要用完的牙膏，我每次都要挤了又挤，到最后，还不放心，剪开牙膏尾，再挤挤，非"榨"干不可。家里的水电怎么用，通过召开家庭会议，制定了一套使用方案，浪费者必罚！在我的严格管理下，家庭节水、节电、节能工作已初见成效。

怎么样，我的"低碳行动"开展得不错吧？你们也快来加入吧！

茶叶旅行记

谢君演

Hello！我是一片来自宝岛台湾阿里山的茶叶，经过特殊的烘焙加工，已变得芳香四溢。哦，我和小伙伴们一起被装进了一个精美的礼品盒中，开始了新的人生旅程。

"嘟——嘟——"随着汽车鸣笛和车轮戛然而止，我们被送到了机场。哇！原来是大名鼎鼎的桃园机场！主人用手推车推着我们走进了机场，办理了登机手续，我们兴高采烈地上了飞机。

"老总，你要去安溪？""是啊，我要去安溪参加中国铁观音茶庄园旅游节。""哈哈！我要去安溪考察投资……"从主人与朋友的交谈中，我们得知：我们主人所在的产销部，接受来自世界名茶铁观音的故乡——安溪的邀请，将去参加中国铁观音茶庄园旅游节。而我们将作为礼品送给安溪的朋友品赏。

安溪？我们并不陌生。我们的主人不止一次地讲到，在两百多年前的清朝，安溪的茶农将安溪铁观音的品种、制作技术引入台湾，现在台湾茶叶中最有名的冻顶乌龙、木栅铁观音。包种茶的品种和制作技术，都来源于福建安溪。而到了上世纪八九十年代，台湾的茶商、茶农被安溪得天独厚的种茶制茶环境所吸引，承包茶山、建茶厂，将先进的制茶机械、工艺带到安溪，大大促进了安溪茶业的发展。

"安溪是一个什么样的地方呢？" 一路上，小伙伴们七嘴八舌、欢歌笑语。看着伙伴们那急切想到安溪凑热闹的神情，我也对安溪充满了期待！

当我和小伙伴们从一路颠簸中醒来，已置身于青山绿水之间，来自世界各地的茶叶爱好者们相聚安溪，观光品茗。在这里，名茶荟萃，有安溪铁观音、浙江龙井、云南普洱……还有来自斯里兰卡的红茶。"真香！"一位慈祥的老伯伯把我们从礼品盒中取出，用手小心翼翼地捧起，放在鼻子下闻了又闻。在阵阵掌声中，主人把我们送给中国茶都茶史馆，作为台湾乌龙茶的样品供中外游客观赏。

想不想瞧瞧我们珠圆玉润的风姿？那就到中国茶都茶史馆来吧！我将为你们讲述两岸茶人一家亲的故事。

雨中的爷爷

张梦媛

大地正拼命奏响雷雨的乐章，豆大的雨点儿打在窗上发出"啪啪"的响声，原本生机勃勃的校园陷入了雨帘中，阴沉沉的天穹作背

景，这是一幅多么美妙的自然水彩画啊！别的同学的家长，在这时候，早已在校门口或者开车或者骑车，等候着自己的"小皇帝""小公主"。而我呢，爷爷和爸爸商量好了，上学放学让我自己走。几次顺便搭车回去，爷爷非但不感谢人家，还毫不客气地对人家说："以后别这样了，对孩子没好处。"让人家找了个没趣。

学校到我家约两里路。就是下雨，也都是我自己顶风冒雨回家。

一次，听爷爷对爸爸说："古语说得好：'娇惯孩子如杀孩子。'对孩子不能太娇惯了。"

渐渐地，放学路上的我，成了长空里的一只孤雁。

雨，一直没有停下来的意思。我正胡思乱想，放学铃声响了。唉，又得"搏击风雨了"。我怀着一丝怨恨，打着伞走出校门。一时间，路上的同学纷纷钻进各自的安乐窝——汽车里、三轮车里、摩托车里，在家长的呵护下，顷刻间消失了。风刮着，雨下着，由于路太滑，我一不小心，一个嘴啃泥，摔倒了，我一阵眼冒金星，浑身生疼，试着慢慢爬了起来。看着这无边的雨帘，看着这渺无人影的公路，跌得生疼的腿一时难以挪动脚步，我委屈的泪水终于伴着雨水，一个劲地流下来。

"快上来，我背着你。"啊，爷爷不知从哪里冒了出来。我看到爷爷虽然打着雨伞，可浑身也快湿透了，那一瞬间，我好感动，还是爷爷……

爷爷的背，好宽厚，好温暖，我趴在爷爷的背上，儿时的生活又浮现在了面前，有多少次，爷爷就是这样背着我，我趴在他的背上，慢慢入睡。今天，就是今天，在这冷冷的风雨中，爷爷在我最无助的时候，又出现在我的眼前，我好幸福，还是爷爷……

回到家，热乎乎的饭菜摆上了。换好衣服，我感激地对妈妈说："我摔倒了，多亏爷爷……"

没等我说完，妈妈开了腔："傻孩子，你每次在雨中上学或者是

153

那片记忆中的阳光

放学，爷爷都在后边远远地跟着你哪。"妈妈有点儿激动，眼圈也红了。

啊？我终于明白了一切，眼泪又一次顺着脸颊流了下来。

爷爷，您放心，以后您别再跟着我了，我会做搏击蓝天的雄鹰，我会自己战胜风雨，跌倒了会自己爬起来，我不会让您失望……

家有"三族"

胡瑞佳

别看我无忧无虑的，整天笑眯眯的样子，可是，你们可曾知道，我家的"三族"带给我的烦恼，比天空中的星星还多呢！

推卸族族长——弟弟

弟弟可是一个出了名的"推卸专家"，逢人给我提他，我准能生一肚子气，可我是"哑巴吃黄连——有苦说不出"呀。

这不，早晨我还沉浸在甜蜜的梦乡之中的时候，那个"推卸工"不知什么时候溜进我的卧室，还如同还账似的给我一巴掌，好像我欠了他钱似的。这一巴掌，破坏了我的美梦。我一下子从床上跳起来，指着弟弟的鼻子大吼："人家还在睡梦中耶！敢吵我睡觉，你小子活得不耐烦了啊？"我如同一只发怒的雄狮，给弟弟来了个"河东狮吼"，吓得弟弟的脸色发紫，我那会儿的得意劲儿啊，比上天还高

兴。可是，我的声音被妈妈听见了，她以每秒八十米的速度从厨房赶到了我面前。这会儿，"推卸工"有机可乘了。只见他一手捂着脸，一边还给妈妈告状。而且，这个"推卸工"的本事超一流，他把刚才打我的那一巴掌竟然推给了我。妈妈听了，大骂我一顿，说我不懂得让着弟弟。更可恶的是，弟弟还在一旁向我做鬼脸。面对这个推卸责任的弟弟，我是又气又恼。

唠叨族族长——妈妈

星期天，我好不容易可以看会儿电视了。可是，每次看到精彩的地方，妈妈就会像"及时雨"一样关掉电视，随后扔给我一句话："作业做完了吗？快去做作业，这么大的人了，每天还要人说，真不知……"随后又是一串唠叨。所以，这个唠叨族族长就非妈妈莫属了。

有一次我考试没考好，刚一进家门，妈妈便开始唠叨了."你看看你，一叫你复习，你就叫苦连天，这次尝到苦头了吧，不听老人言，吃亏在眼前，我每天给你做饭……"每次听见妈妈一唠叨，我的头都快要爆炸了，为什么我会有这么一个烦人的妈呢？唉……

暴力族族长——爸爸

每次听完妈妈的唠叨，我的耳根就可以清净几天。可谁知一天早上，我刚起床，迷迷糊糊找到拖鞋下床，往客厅里走去。"瑞佳，你给我过来！"呃，我又有什么地方得罪老爸了，可为什么偏在早上啊？因为通过我长期的观察，爸爸早上的心情最差。"你看，你的鞋印怎么满地都是？整天在家也不知道把自己的鞋子洗洗，一有空就去满世界疯……"我一听觉得很烦，就回了爸爸一句："我洗就是嘛，你怎么这么烦呀！"老爸听了这句话，脸色一下子就黑了，大声吼道："你长大了是吧？还这么不懂事！"这回，我真受够了，转身赶紧跑进了自己房间。呜呜呜，爸爸生气的样子真吓人，就像黑社会里的老大，脸上都能冒出黑烟来。

有了这三个族长，我每天都有许许多多的烦恼。唉，这三个族长是我最爱的，可也是我最"恨"的，什么时候我能成为统管这三族族长的酋长，来个"咸鱼大翻身"呢？

我们班的"猴子"

林艺娜

看了题目，可别把我们班当成了动物园，你想知道猴子的"轶事"吗？

这"猴子"长得又矮又瘦，两只水灵灵的眼睛老是不停地眨呀眨，好像打什么鬼主意。最不能容忍的是她声称是孙悟空的N代孙女，说我们都是她的属下，还要叫她"猴姐"。她想得挺美，齐天大圣才不认这个冒牌孙女呢！我们私下里都叫她"猴子"。

说起这"猴子"，她个小有名气的诗人。那天，我们刚学了古诗，下课后，"猴子"诗兴大发，在黑板上题了一首诗："毕竟家乡六月中，蚊子不与四时同，巴掌犹如苍蝇拍，打得手掌别样红。"我捂着笑痛的肚子，说："你的诗兴这么高，再来一首吧！""猴子"扬起头来，神气十足地说："讨我的诗，没门。"这"猴子"还臭美

呢！我看她是江郎才尽。

课间，我和同学在追逐，把迎面而来的"猴子"撞了个趔趄，又不小心踩了她一脚。这把"猴子"惹火了，眼睛迅速地眨了眨，我知道情况不妙，转身就溜。哪知"猴子"穷追不舍，吓得旁边的同学目瞪口呆。糟糕，我被"猴子"逮住，她怪声怪气地说："落在俺老孙的手上，哈哈！按我们祖上的规矩，凡欺负人者，一罚十。"她迅捷地踹了我几脚，飞也似的没了踪影。唉！都怪自己没早点道歉。

至于"猴子"的大名，暂时保密。不过，如想和她交朋友，我可以为你引荐。

心情专卖店

戴新颜

我的心情专卖店开业了。这是一幢招牌上写着"温馨心情"、古色古香的小木屋，鲜红的颜色，散发出原木香味。一扇装着轮子的门轻轻一推便开，门边挂着的七彩风铃，随着客人的光临"丁零当啷"响起……

木板墙上垂下一条条柳枝，长满了绿叶，浅蓝色的天花板上挂着各式各样的水晶瓶，瓶子里装的是将要出售的心情。客人没有来的时候，这些水晶瓶里的心情闪烁着迷人的光芒，像是急切地等待着客人们光临。

"叮当、叮当"，推门而入的是一个十岁左右的小女孩儿。她拿着只考了76分的考卷，爸爸批评她学习不努力，被火气更大的妈妈打了，留下个红红的手指印。这次的数学试题太难，她感到很委屈，爸爸妈妈不相信她的解释，一气之下跑了出来。

我精心地挑了一只水晶瓶，装入插了康乃馨的小花篮递给她。小女孩儿接过水晶瓶，欣喜地望着小花篮，顿时，眼前出现一丝丝粉红色的气体，恍惚间她陷入了沉思，想起了小时候妈妈教她写自己名字的模样；想起了那个大雪封路，爸爸背着她去医院治病的情形……

小女孩儿的心情变好了，她小心翼翼包起这只水晶瓶，好好地珍藏起来。我心里充满了喜悦，还有无数色彩缤纷的水晶瓶，为前来解决烦恼、苦闷、失意的顾客，让他们绽开笑颜，去迎接新的一天。

奶奶"叛变"

林桑

哎，别把我奶奶当"反面人物"，我说的"叛变"是指她的穿着。

向来，奶奶的穿灰上衣，黑裤子，鞋子也"宁黑不杂"，连手套啦，袜子啦，也全是黑不溜秋、灰秃秃的。好几次，我们"全家总动员"发起"围剿"，可那些稍艳的衣服总被她藏在箱底。

前天晚上，我和奶奶逛商场，帮她物色大衣，来到了老年人专柜。这里的大衣并非都是清一色的，我指着那色彩艳丽大衣说："哇，真够派的！"奶奶听着我的赞扬，挖苦道："真派（闽南话）！"

"咦，这件不错。"奶奶摸着一件红色花边大衣，但又改口说，"唉，这是年轻人的衣……""您穿上肯定不错！"服务员笑吟吟地说："大妈，现在都什么年代啦！刚才几个和您年龄相仿的买走了好几件呢！""我穿行吗？"奶奶忸怩着。"行！"我和服务员小姐异口同声地回答。

试衣室的门推开了，"奶奶，漂亮极了！我都快认不出您了"我惊讶地说。"这身衣服好像是给您量身定做的。"服务员小姐搭腔，"您穿上这衣服，我都要叫您阿姨了！""哦，那……我就'改变'一次？"奶奶笑着，我忙应道："太好了！"

奶奶价格也没问，就拉着我付钱去。回家的路上，她乐得合不拢嘴。我问奶奶："你不后悔吧？""不，以前我总认为黑的、灰的衣服才适合我穿，现在我才明白，适当改变一下，也不错嘛！"

奶奶"叛变"了。其实，在生活中，我们无须单调，也让自己的生活更加多彩。

159

访"茶乡第一村"

陆梓月

暑假里，我和爸爸妈妈来到杭州的龙井村，它盛产顶级西湖龙井茶闻名于世，被誉为"茶乡第一村"。

穿过山涧淙淙、芳草萋萋的九溪十八涧，我们走在林木幽深、群鸟鸣啭的龙道上，爸爸说这是乾隆皇帝下江南走过的路。走完龙道，前面就是龙井村，四周群山叠翠，林木葱郁，薄雾环绕，给人宁静的感觉。村中有口古井，井壁上一道道沟痕，这是打水的井绳勒出来的。可想而知，这口井年代十分久远。

传说这是眼泉，泉水川流不息，味甘甜，十分好喝。乡亲们雕了石龙置于井口，泉水从龙口涌出，龙井村因此得名。游客们在此争相喝水，我也赶紧舀了一勺，清冽的井水消除了旅途的劳累。井旁还有一棵高大的樱桃树，结了红艳艳的果子，令人馋涎欲滴。

我们来到茶农家买茶叶，茶农给每人泡一杯龙井茶，然后取出不同档次的茶叶让我们挑选。我端起茶杯轻啜一口，口感淡雅，清香宜人。爸爸妈妈一边品茶一边挑选茶叶，我则端着茶杯在阳台上看风景。远处，连绵起伏的山上都是葱茏的茶园，一行行茶树整齐地排列着，把山装扮得生机勃勃；近处，三四层楼的农家小院比比皆是，鼎鼎有名的龙井茶让这里的茶农过上了富裕的日子。

已是中午时分，我们在龙井村吃了一顿农家饭，红烧鲫鱼、炒螺丝、龙井虾仁，非常鲜美可口。店家送了一大盆葵花子，我们嗑着瓜子，看太阳慢慢西下，心里有说不出的惬意。这一刹那，真有"乐不思蜀"之感。

星 星 点 灯

余宇宏

夜空中，五彩斑斓的星星，总是日日夜夜围着我们旋转，这是它

们的使命。它们好比一颗颗晶莹的宝石，点缀了这片漆黑的夜空。

小时候，我总喜欢躺在老家的屋顶上，看满天繁星。看着那闪闪发光的星海，我不禁数起了星星，数着数着，就不知不觉睡着了，这时却总有一双温暖的手抱我回家。

时光就像一个可恨的小偷，转眼之间，童年就不见了。儿时的星空，也因为长大一去不复返。迎面而来的，是学习，是作业，是培训班，还有考试。这些东西，早已代替了一切，霸占了所有时间。虽然学习任务繁重，可这些都是我们必须勇敢面对的。当我在学习的道路上遇到困难时，无能为力时，总会有一个人来帮助我，就像月亮被云层遮挡时，星星会挺身而出照亮夜空一样。

那次，眼看期末考试就要到了，同学们都开始备战，我也不例外。可是，我始终找不到一个完美的复习方案，一头雾水，只能翻书苦读，直到口干舌燥，感觉自己马上就要累趴下了。这时，爸爸正好看到，他问我："怎么了？"我瘫坐着，无精打采地说："爸，我不知道如何复习最高效。"爸爸走了进来，温柔地指导我："儿子，复习未必讲究'全'，你应该把你曾经考过的试卷拿出来，读一读，看一看，把错题摘录下来，再做一次。再把全解里的成语、诗句解释多看几遍。最后再把零散的东西读一读，看一看。这样就能高效率地复习，知道了吗？"我恍然大悟："老爸，你说得太对了，我就这么干！"说完，我便立刻开始行动。

那次，我以双科总分全年段前十的排名收到了许多同学羡慕的眼神。可是，我认为这还不够，爸爸也认为这还不够，他还在暑假里为我制定了学习计划，我也都严格执行。哎呀，真为我这个老爸感到无比自豪。

如果漆黑的夜晚是我，满天的繁星就好比爸爸，照亮了我前进的道路，将我送向蔚蓝的天空，让我自由飞翔！也许，星星有一天会离开夜空，但它的精神依旧会留在这片它曾经闪耀过的夜空，就像父亲教会孩子做人的道理。爸爸，你就和星星一样伟大。

夜半来客

张廷帅

夜里，我和妈妈关着门窗，开着空调，呼呼大睡。

睡梦中，我突然被一阵奇怪的声音吵醒。"啪啪！啪啪！"好像是什么东西在撞击房间的墙壁。我吓得捂住了耳朵，但那撞击声仍在继续。不一会儿，我又感到蚊帐一阵抖动，黑暗中，一个奇怪的东西掉在蚊帐上，疯狂扑腾。啊！好像落在我耳边了！"哇！"我吓得大哭起来。

妈妈被我的哭声惊醒，警觉地坐起身："是什么东西？不要怕，让我开灯看看。""啪！"妈妈打开电灯。

"呼啦——"只见一个黑色的怪物从蚊帐上飞起来，朝墙壁撞去。我定睛一看，全身漆黑，身体像老鼠，却长着翅膀。天哪，竟然是一只蝙蝠。"蝙蝠啥时候飞进屋子来了！"我惊呼道。

蝙蝠朝天空飞去，"呼啦"一下撞到天花板，重重地掉了下来，又转头飞向墙壁，突然，扭转身子朝我冲过来。我连忙躲闪。"不是说蝙蝠能发射超声波，不会撞击到障碍物吗？它怎么在乱飞呢？"我大声喊道。

"可能它被困在这个屋子里，疯掉了。"妈妈拿起扇子扑打着蝙蝠，"哎呀，赶紧开窗，四面墙壁，下面地板，上面天花板，四面八

方都在反射超声波，你让它往哪里逃！"

我赶紧打开窗户。"可窗户那么小，它能飞出去吗？"我担心地问。

"嘘，不要出声，它听得见。把电灯关掉，保持安静。"

关了窗户，借着月光，我看到蝙蝠飘飘悠悠飞向窗外，总算松了一口气。

"妈妈，我们的窗户一直关着，它是怎么进来的呢？"躺在床上，回忆起刚刚那一幕，我百思不得其解。

"大部分蝙蝠都是白天休息，夜间觅食。它可能白天就飞进房间来睡觉了，到了晚上，发现屋子里有蚊子和飞蛾，便出来捉虫子。"

"蝙蝠是鸟吗？"

"蝙蝠虽然长着翅膀，但它不是鸟，它是唯一能振翅飞翔的哺乳动物。"

"蝙蝠靠超声波飞行，是不是它没有眼睛呢？"

"蝙蝠是有眼睛的，从前很多人说蝙蝠视力差，其实是一个天大的误区。已经有不少科学家指出，蝙蝠视力不差，蝙蝠使用超声波，与它们的视力没有必然联系。"

"电视里说可怕的吸血蝙蝠会吸血，刚刚我们睡着时，它有没有吸血呢？"我摸摸自己的身体，担心地问。

"吸血蝙蝠会吸食动物的血，但我们刚才看到的是普通蝙蝠，不会吸血，还会帮我们消灭害虫呢。"

"哦。原来是这样！这神秘的夜半来客给我上了一堂生动的生物课呢。"我打着哈欠说。

血滴旅行记

刘子文

　　我是一滴小小的血滴，每天，我都在心血管系统中旅行。知道心血管系统是什么吗？心血管系统是一个"密闭"的管道系统，由心脏、动脉血管、静脉血管和毛细血管组成。我每天在这个系统里旅行，足迹遍布人体每个角落，除了角膜、毛发、指甲、牙齿和上皮，人体的其他地方，我都走得熟门熟路。我每天的行程是六万两千英里以上，相当于绕地球走两圈半。

　　心脏是个大血泵，它的动力可足啦！它强有力地跳动，将搏出的血液输送到全身的各个组织器官，来满足身体活动所需的各种营养物质。"哗啦！"大血泵超大的压力把许许多多的小血滴冲了出去，一离开心脏，我们就到达了动脉。我们携带着大量氧气，因为太兴奋，我们的颜色变得鲜红。动脉管壁比较厚，非常有弹性，我们在里面跳来跳去，就像在玩跳床游戏，开心极了。

　　我跟着同伴在动脉里一路狂奔。动脉就像一棵树，渐渐会出现很多分支，分支越来越多，越来越密，越来越细，管壁也越来越薄。我们感到血压慢慢降低，便开始减速，狂奔变成慢跑，慢跑变成散步，我们向四面八方的分支走去，这些分支就是毛细血管。人体的毛细血管可多啦，总数在300亿根以上。通过这些毛细血管，我们到达全身

各个组织和细胞之中，与组织进行物质交换。

完成任务后，我们从各条毛细血管里跑出来，逐渐汇合，流到静脉中，因为我们的心情比较平静，所以颜色变成了暗红。静脉管比较粗，空间很宽敞，我在里面打滚儿，一不小心碰到了静脉血管壁，感觉管壁有点薄，我还发现静脉中的血液中充满了二氧化碳。因为静脉血是经过新陈代谢后的血液，从这些血液里可以检测出许多代谢物质，所以，人们常常通过检测静脉血来评估判断人体内部的情况。

很快，我便顺着静脉中的血液，返回了心脏，心脏将血液中的废物送到肺、肾等器官，他们通过呼吸系统和排泄系统，排出了体外。经过大血泵的过滤，我们又变成新鲜的血液流向动脉。

我夜以继日地旅行，为人体的每一个细胞服务，其乐无穷。

我监考，我神气

冯立雯

你是不是认为监考一定是老师的权利和责任呢？No！No！No！其实，我也可以监考哦！

下午的语文课上，大家都在紧张地答卷，而我和筱莳则分别坐在郭老师和张老师的办公椅上，奋笔疾书。原来郭老师把这个监考的重任委托给了我和筱莳。我坐在郭老师的办公椅上，答完一题就要威风凛凛地朝教室扫视一遍。郭老师的椅子可真高啊，可以清晰地看见每位同学的一举一动，他们的神态、表情、动作尽收眼底。此时此刻，我就像一位大将军在指挥战士，别提有多神气了！

答完试卷检查好后，我就双手抱在胸前，像郭老师那样大踏步地走在教室里，时不时瞄一眼左右的同学，看一看有没有什么骚动，有没有人做小动作，有没有……走了几圈后，我发现同学们都挺认真的，就放心地站到了讲台上，双手托着腮，凝视着大家。

不一会儿，我们班的"小喇叭"顾逸晨高高地举起了手，我心中一喜，终于可以像郭老师那样威风地回答同学的疑问了。我三步并作两步地跑到了顾逸晨桌前。他"叽里呱啦"地向我说了一大堆试卷问题，我的大脑飞速地运转着，时不时地跑回去看一下自己的试卷，一个一个给他耐心解答着。刚开始还挺新鲜的，最后我有点不耐烦了，这顾逸晨哪来那么多的问题呀？唉，看来平时郭老师监考也很不容易啊！之后我又回到了讲台上，看到筱莳也是一脸的怒火，原来她也在给薛佳越讲解疑难问题呢！我俩相视一笑，同病相怜！好不容易把他俩给"震住"，我们终于可以安心了。我长长地舒了一口气，刚刚那泄气劲儿一下子就跑得无影无踪了，神气劲儿又被我拽了回来。然后，我又像一只雄赳赳、气昂昂的大公鸡在教室里走来走去，时不时地给认真的同学发一个章，表扬几句。

铃声响了，同学们的试卷答完了。最后，我又学着郭老师的样子，大手一挥，"收卷！"同学们个个像服从的士兵，乖乖地传起了卷子，等卷子都传到了我手里后，他们还向我敬了个队礼呢，弄得我和筱莳哈哈大笑起来。

哇！当监考老师的感觉真心不错哦！你也想当一回监考老师，神气神气吗？那就努力争取吧！